The Original

THEBAN PUZZLE BOOK

(VOLUME 1)

Puzzled by Theban?

Copyright © 2015 by Gealhain Samlach – First Edition

All right reserved under International Copyright Laws. No part of this publication may be reproduced, distributed, or transmitted in any form or by any means, including photocopying, recording, or other electronic or mechanical methods, without the prior written permission of the publisher, except in the case of brief quotations embodied in critical reviews and certain other noncommercial uses permitted by copyright law. For permission requests, write to the publisher, addressed "Attention: Permissions Coordinator," found at the website address below.

Cover illustration by GoldenPhi Press, LLC.

Theban Today is a trademark.

Our Web site: www.ThebanToday.com

Printed in the United States of America

Published by GoldenPhi Press, LLC.

© Copyright Notice

Clipart by Footage Firm. Logos, quotes, designs, clipart, trademarks or registered trademarks are retained by their owners. All other registered trademarks or trademarks are property of their respective owners.

This workbook is full of quotes from many people. I would like to thank them who are living or not in bringing great wisdom, whimsical sayings, and inspiration to our lives. – ***Gealhain Samlach***

GoldenPhi Press, LLC

Minnesota

ATTENTION: SCHOOLS, CORPORATIONS, AND DISTRIBUTORS
THEBAN TODAY books are available at quantity discounts with bulk purchase
for educational, business, or sales promotional use. Visit Our Website:
www.GoldenPhiPress.com

HOW TO CONTACT US
ERRORS: **Error-Submission@ThebanToday.com.**
RECOMMENDATIONS: **My-Recommendation@ThebanToday.com**
COMMENTS, QUESTIONS, CONCERNS: **Inquiries@ThebanToday.com**
OUR WEBSITE: www.ThebanToday.com

Contents

Author's Note

Welcome to the very first *Theban Puzzle Book* of its kind in the world and you are its first students. This second book in a series was designed to help you retain your knowledge of Theban. You will find an assortment of puzzles (some hard and easy) which will keep your mind entertained in learning the alphabet. After completing all the puzzles, you will have a better understanding and the ability to read and write these characters. If you just picked up this book to learn this mystical alphabet, don't forget to also get the first Theban teaching book called "*The Original* **Theban Workbook.**" If it's not available in your bookstore, please ask them to order a copy or visit our website at www.**ThebanToday**.com.

In this workbook, you can start anywhere you want. The Crypto-Theban™ will be the hardest to work with, but there are over 100 puzzles to choose from to help you learn. At the beginning of each chapter you will have a Theban translation bar as a quick reference that will help you if you forgot the Theban character. Try not to become dependent on this translation bar. Just take your time learning without it. To learn the Theban words, try sounding them out, and write it often. In some areas of this puzzle book, you will have to convert sentences into Theban, and vise-versa. After completing these, try reading them out loud. Do it over and over again until you get a grasp of it. If you enjoyed this book and wish to do another, there will be more to come in the very near future.

I would like to apologize in advance if there are any errors. This was a very difficult workbook to put together and many long hours have been invested to make corrections. If you find any mistakes we overlooked, please let us know. I have been very thorough in verifying its contents and characters. Thank you for purchasing this workbook and I hope you enjoy it. I think you will be very happy with it and I hope it fills your hunger in learning Theban as it did for me.

Peace to All!

Respectfully,

Gealhain Samlach

Author’s Note in Theban

SECTION ONE

THEBAN WORDSEARCH

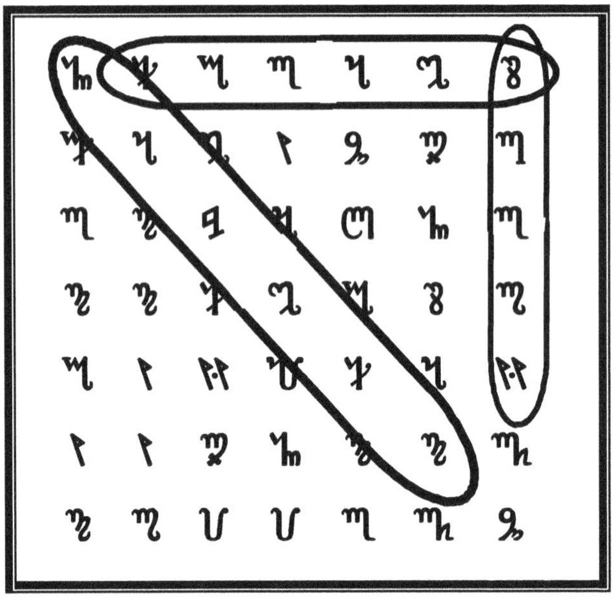

SEARCH THEBAN WORDS

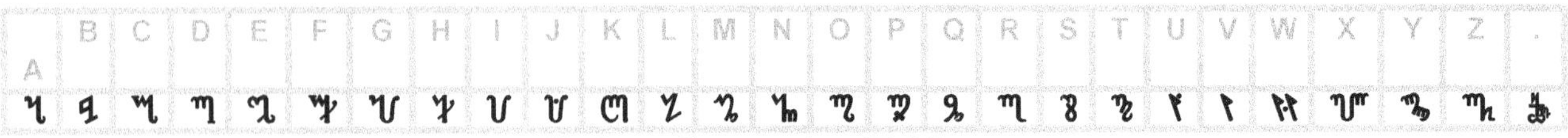

Theban Conversion Table

What Month Is It?

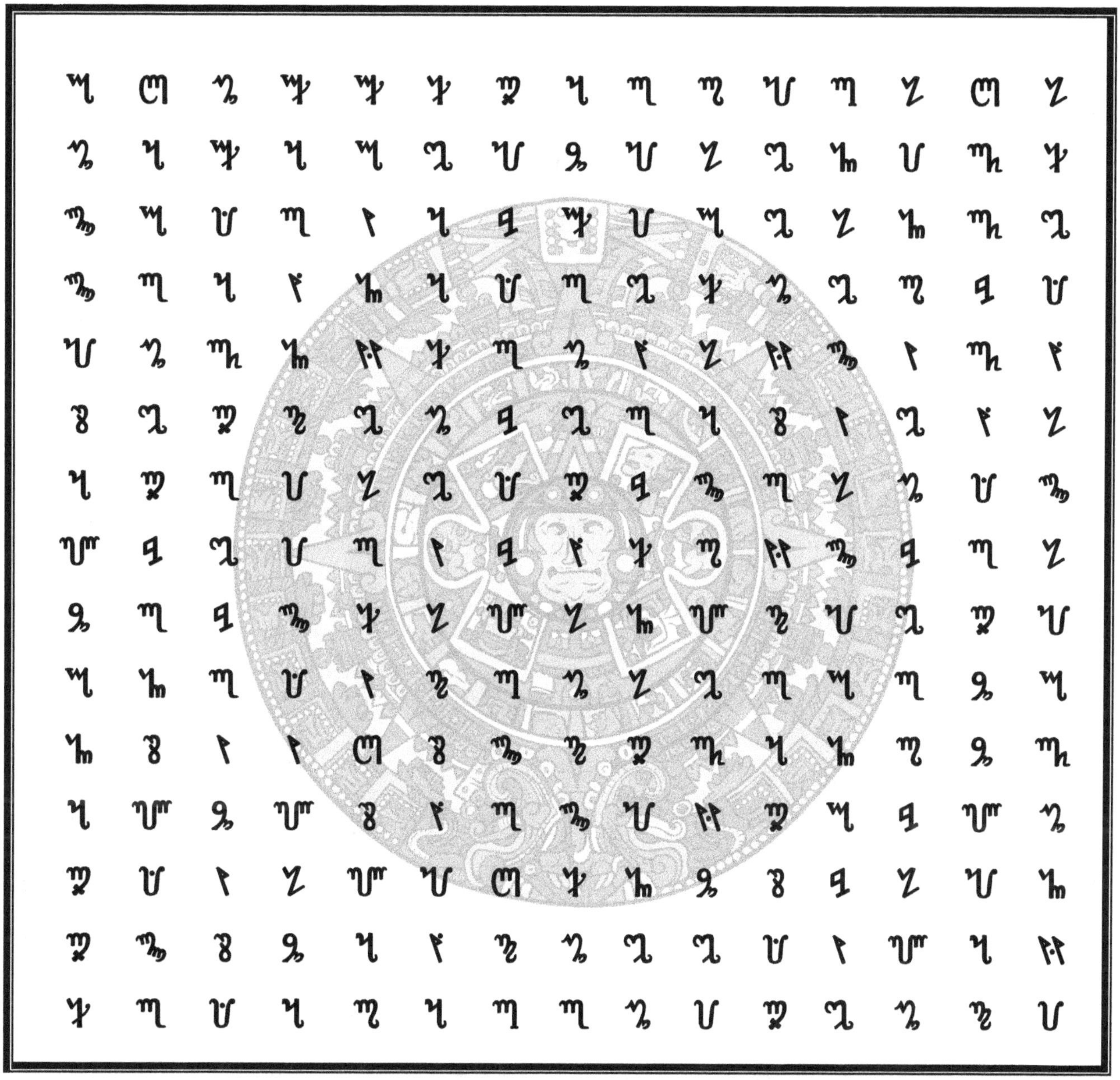

APRIL	**AUGUST**	**DECEMBER**
FEBRUARY	**JANUARY**	**JULY**
JUNE	**MARCH**	**MAY**
NOVEMBER	**OCTOBER**	**SEPTEMBER**

The Clothes We Wear

BLOUSE	**BOOTS**	**CAP**
EAR MUFFS	**GLOVES**	**HAT**
JACKET	**MITTENS**	**SCARF**
SHIRT	**SHOES**	**SKIRT**
SOCKS	**TIE**	

Those Wiccan Sabbats

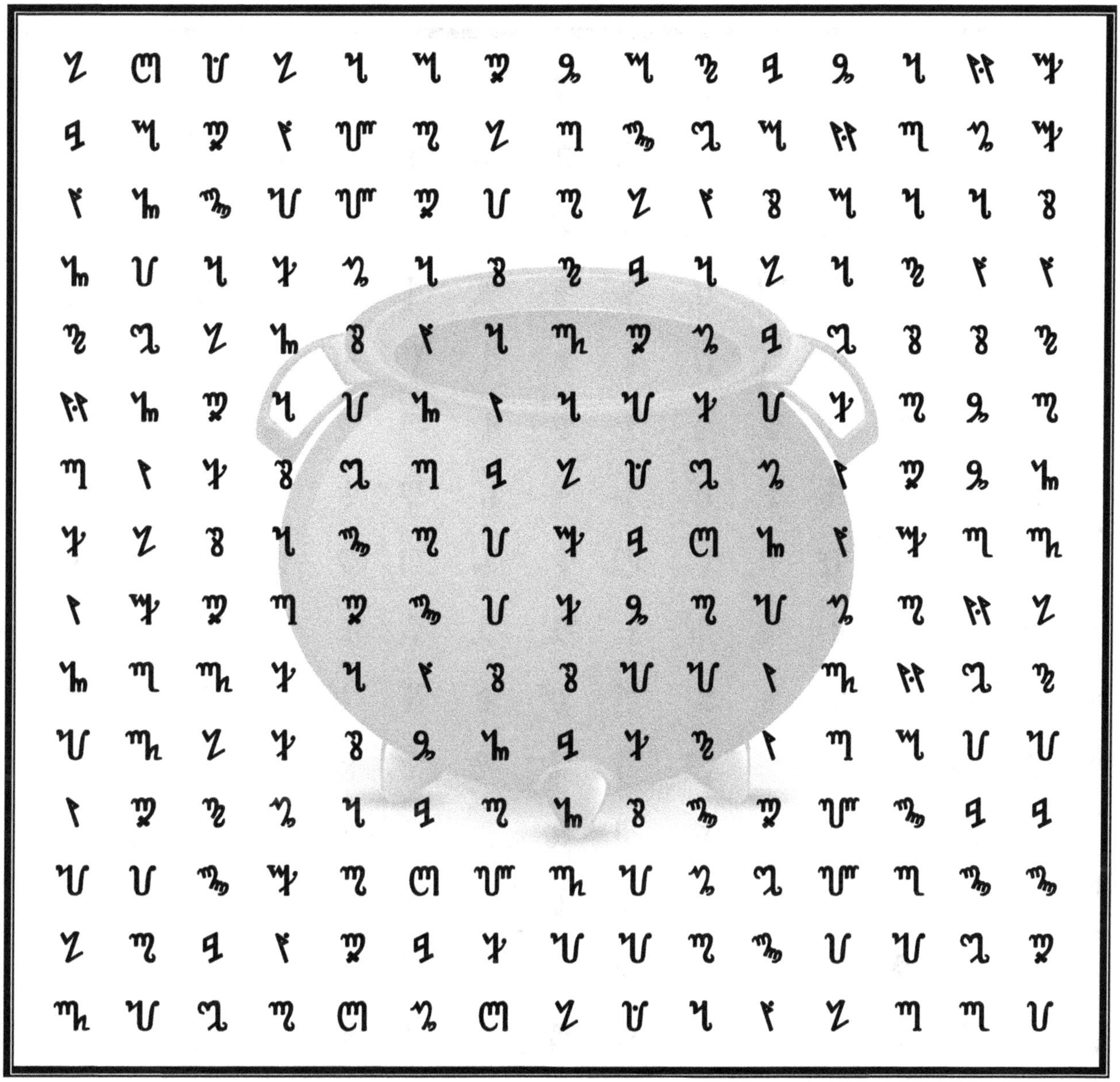

BELTANE **IMBOLC** **LITHA**
LUGHNASADH **MABON** **OSTARA**
SAMHAIN **YULE**

Furniture Around the House

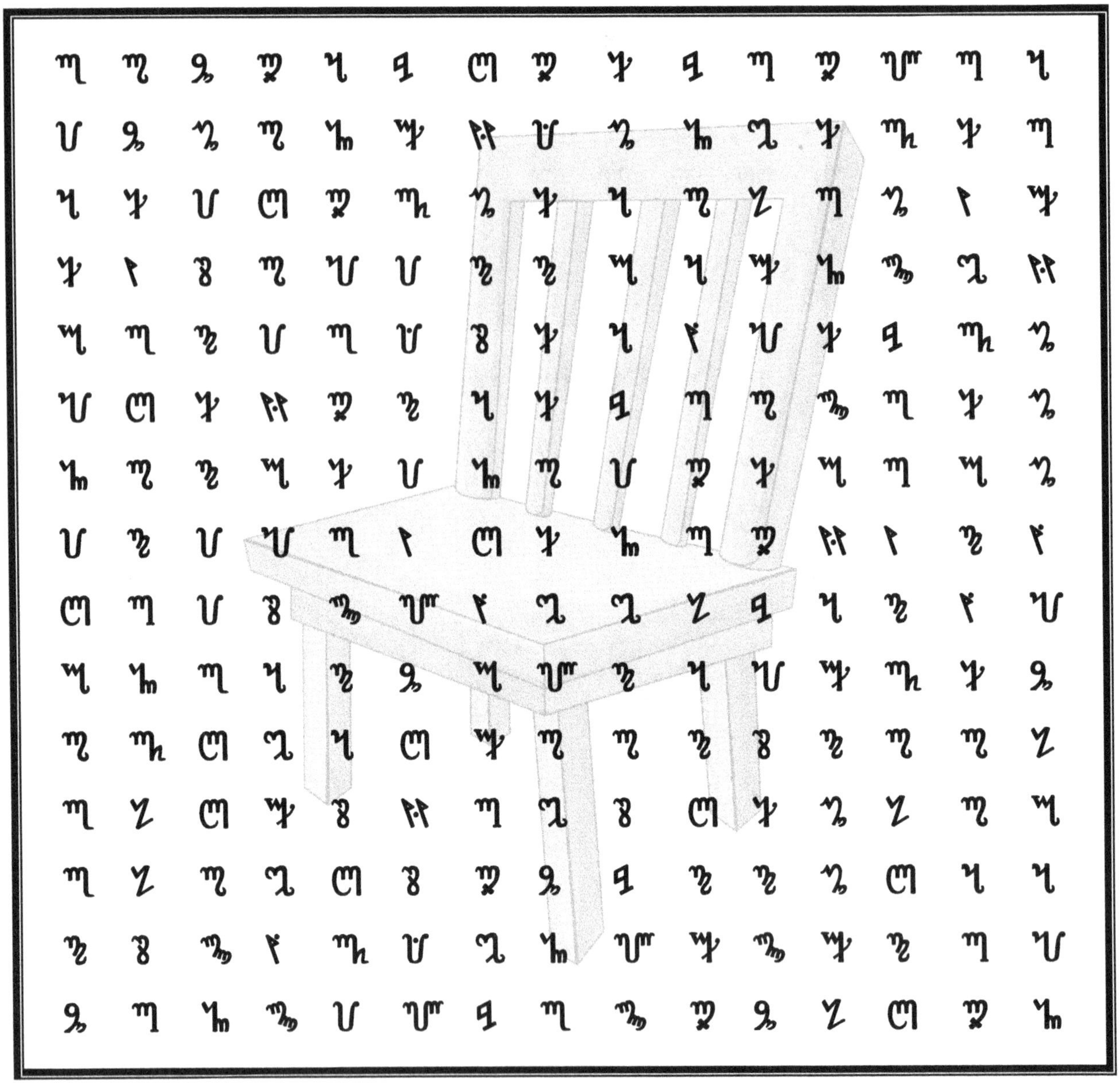

BED	**CABINET**	**CHAIRS**
COUCH	**DESK**	**DRESSER**
FOOTSTOOL	**HUTCH**	**NIGHTSTAND**
ROCKINGCHAIR	**SOFA**	**TABLE**

Don't Bug Me

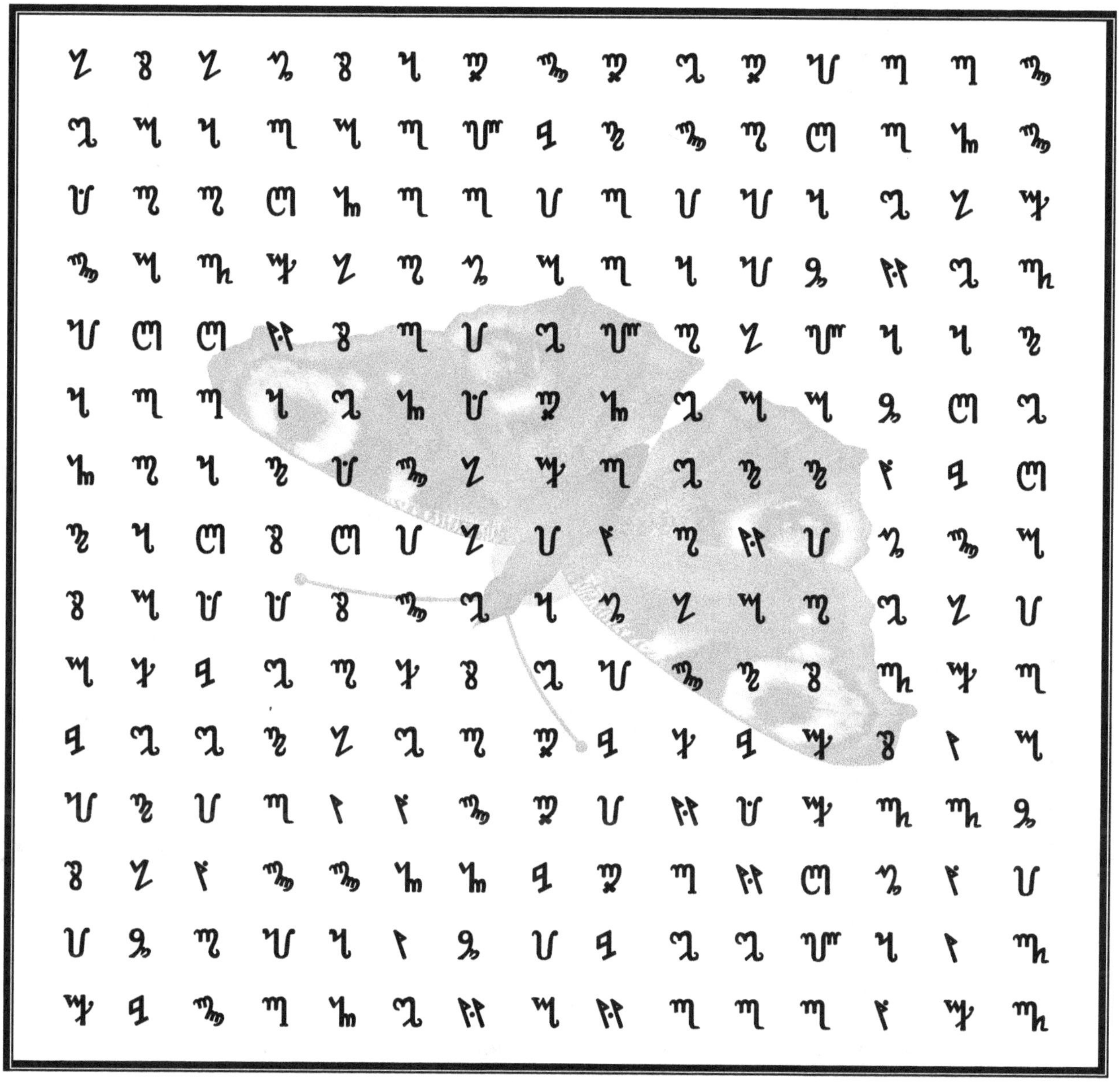

ANTS **BEE** **BEETLE**
BUTTERFLY **COCKROACH** **CRICKET**
DRAGONFLY **FLEA** **FLY**
GRASSHOPPER **MOTH** **SCORPION**
SPIDER **TERMITE**

Wild in the Water

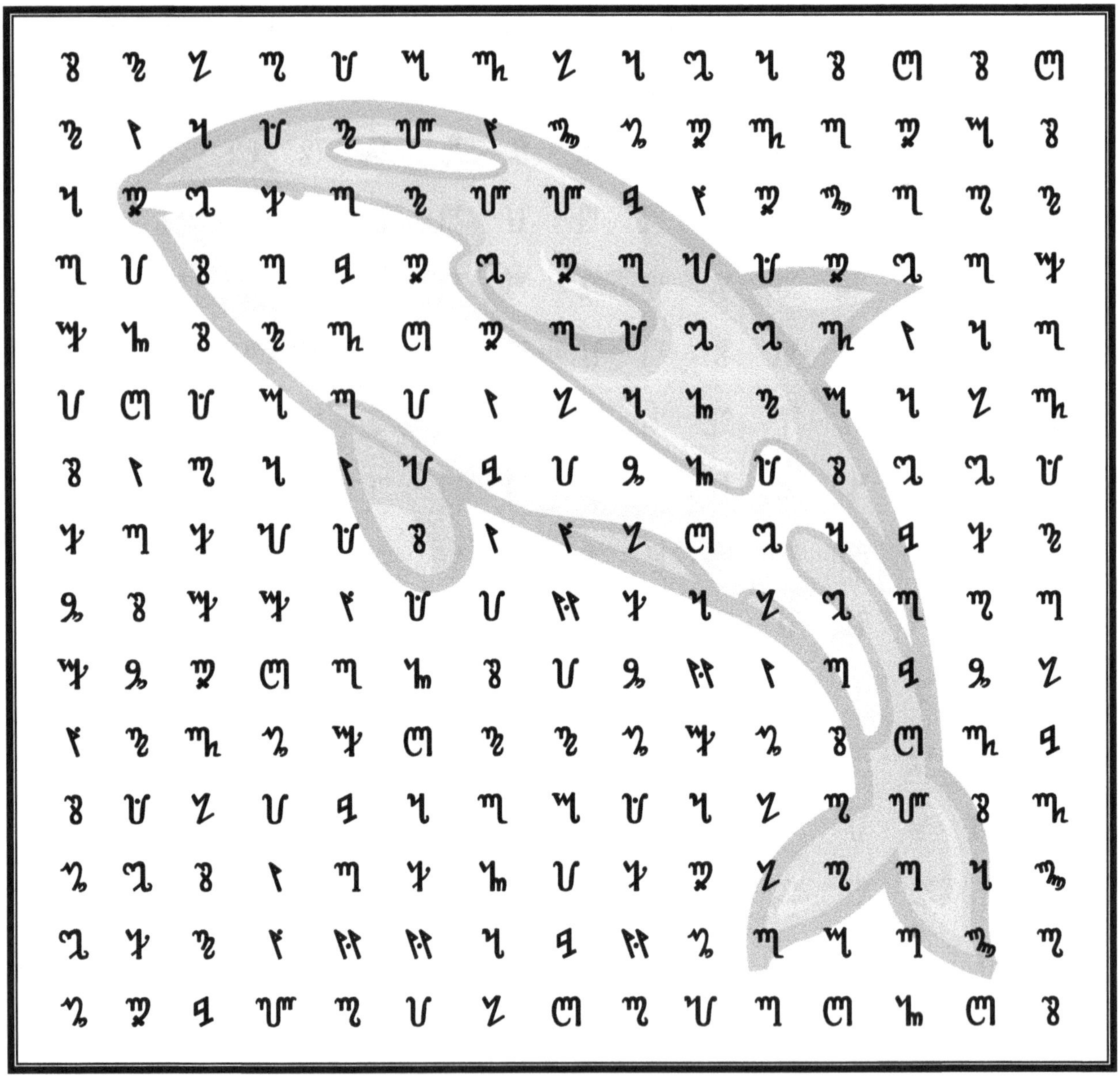

BEAVER	**CLAM**	**CORAL**
CRAB	**DOLPHIN**	**EEL**
FISH	**LOBSTER**	**OTTER**
PENQUIN	**SEAL**	**SHARK**
STARFISH	**WHALE**	

It's All in the Shell

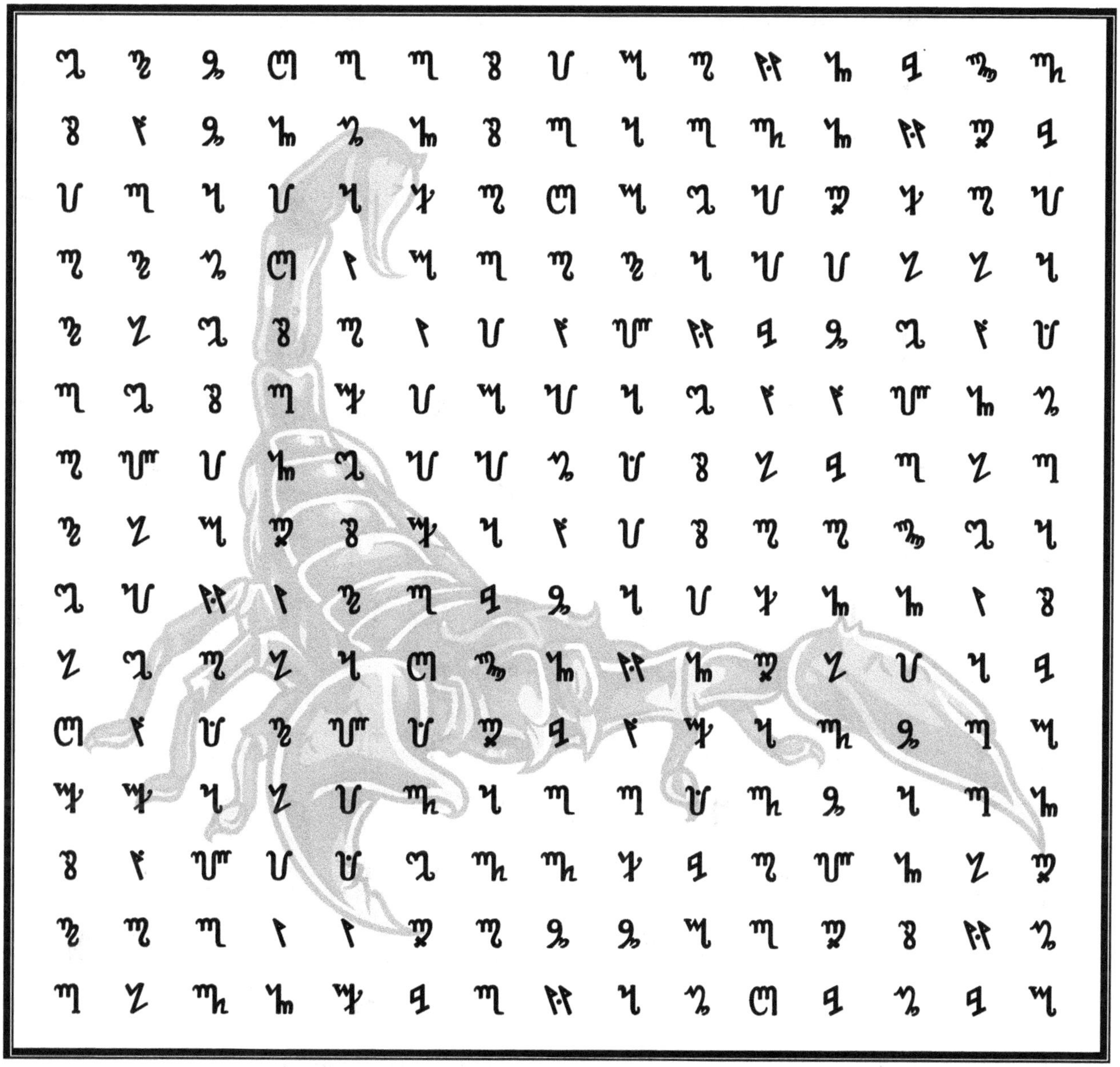

ALLIGATOR	**ANOLE**	**CROCODILE**
DINOSAUR	**GECKO**	**IGUANA**
LIZARD	**SKINK**	**SNAKE**
TORTOISE	**TUATARA**	**TURTLE**

Take Flight

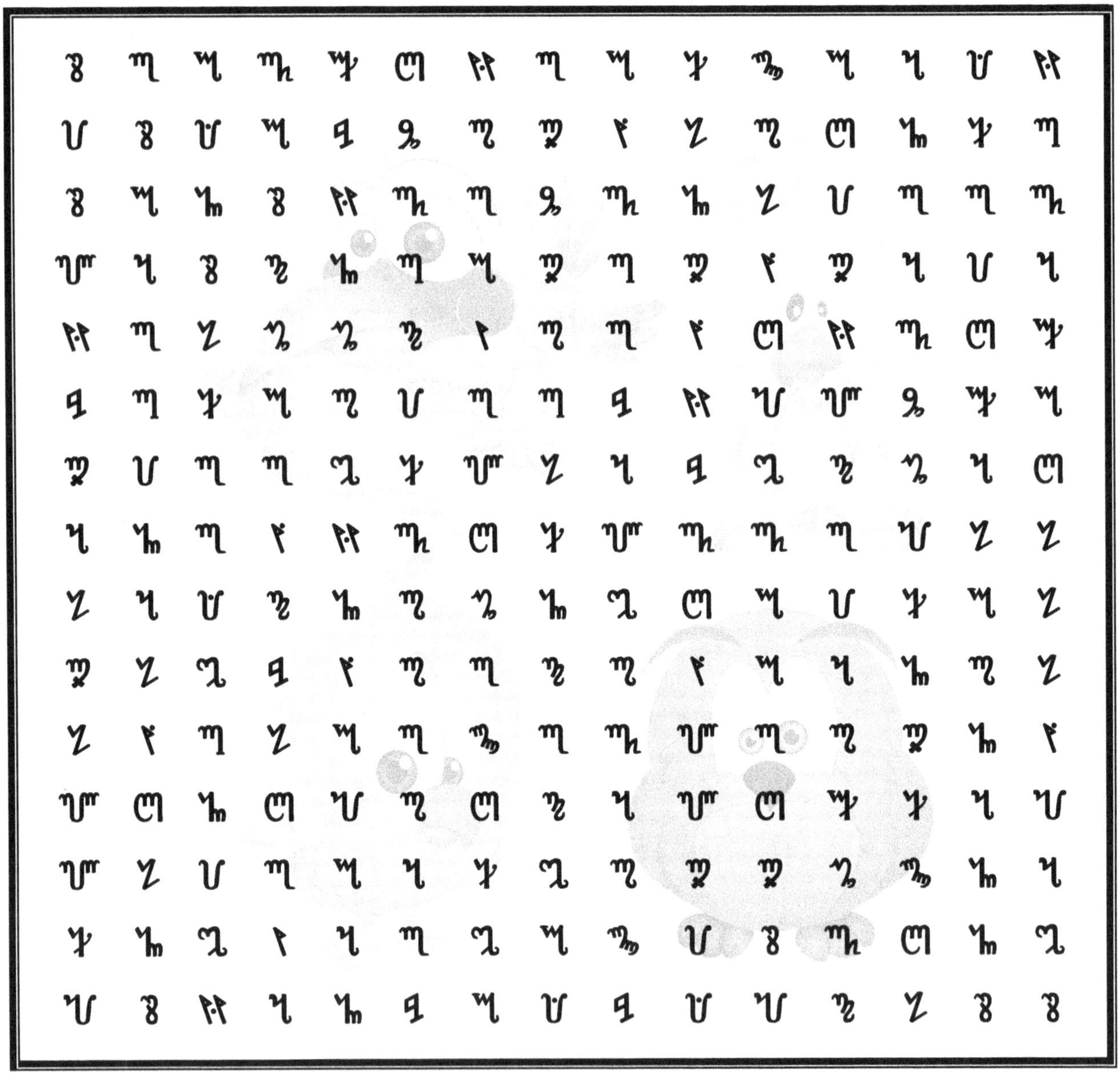

CARDINAL	CHICKEN	CONDOR
CROW	EAGLE	FALCON
HAWK	MOCKING	PARROT
RAVEN	SEAGULL	SPARROW
SWAN	TOUCAN	TURKEY

Fishing Around

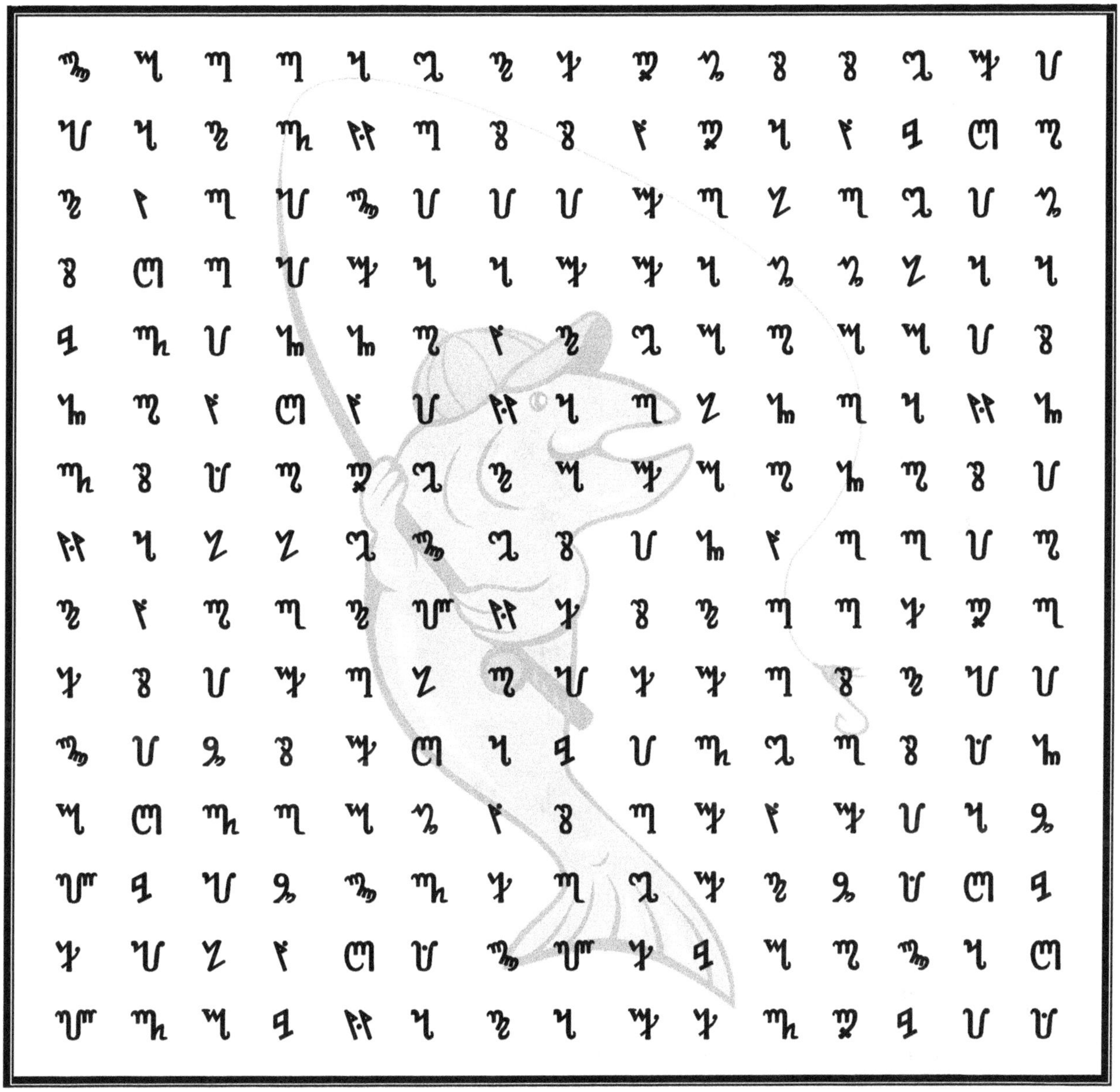

BASS	**CARP**	**CATFISH**
COY	**GOLDFISH**	**MACRO**
MARLIN	**PUFFERFISH**	**SALMON**
STINGRAY	**SUNFISH**	**SWORDFISH**
TROUT	**TUNA**	**WALLEYE**

Our Universe

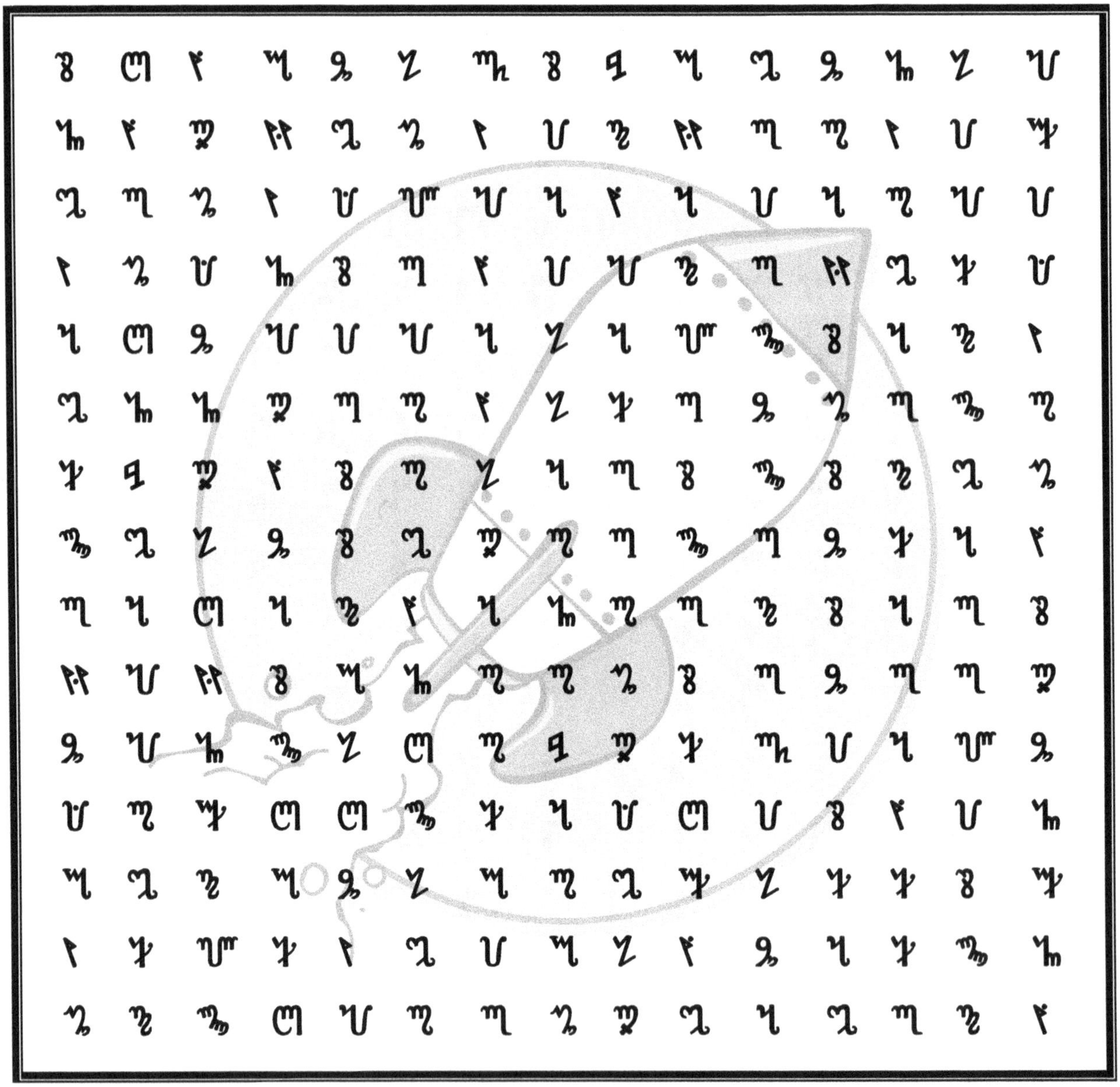

ASTRONAUT	**BIG DIPPER**	**BLACKHOLE**
CONSTELLATION	**EARTH**	**GALAXY**
HEAVENS	**LIGHTYEAR**	**MILKYWAY**
MOON	**PULSARS**	**SOLAR SYSTEM**
SPACE	**STARS**	**SUN**

Animals at Large

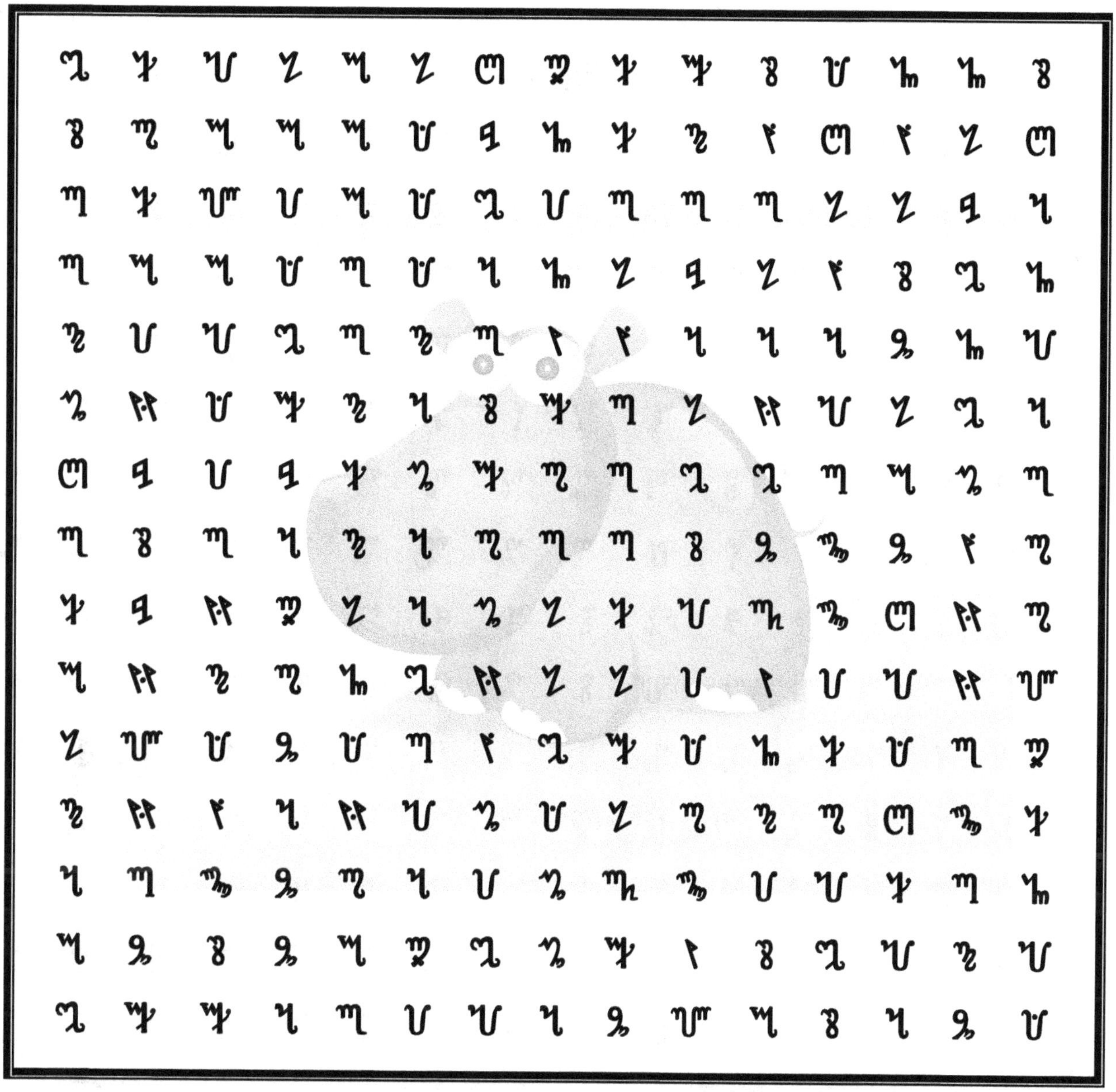

BEAR	**BUFFALO**	**CAMEL**
CAT	**DEER**	**DOG**
ELK	**FISH**	**GIRAFFE**
KANGAROO	**OSTRICH**	**RAT**
RHINO	**TIGER**	**WALRUS**

Sports Anyone?

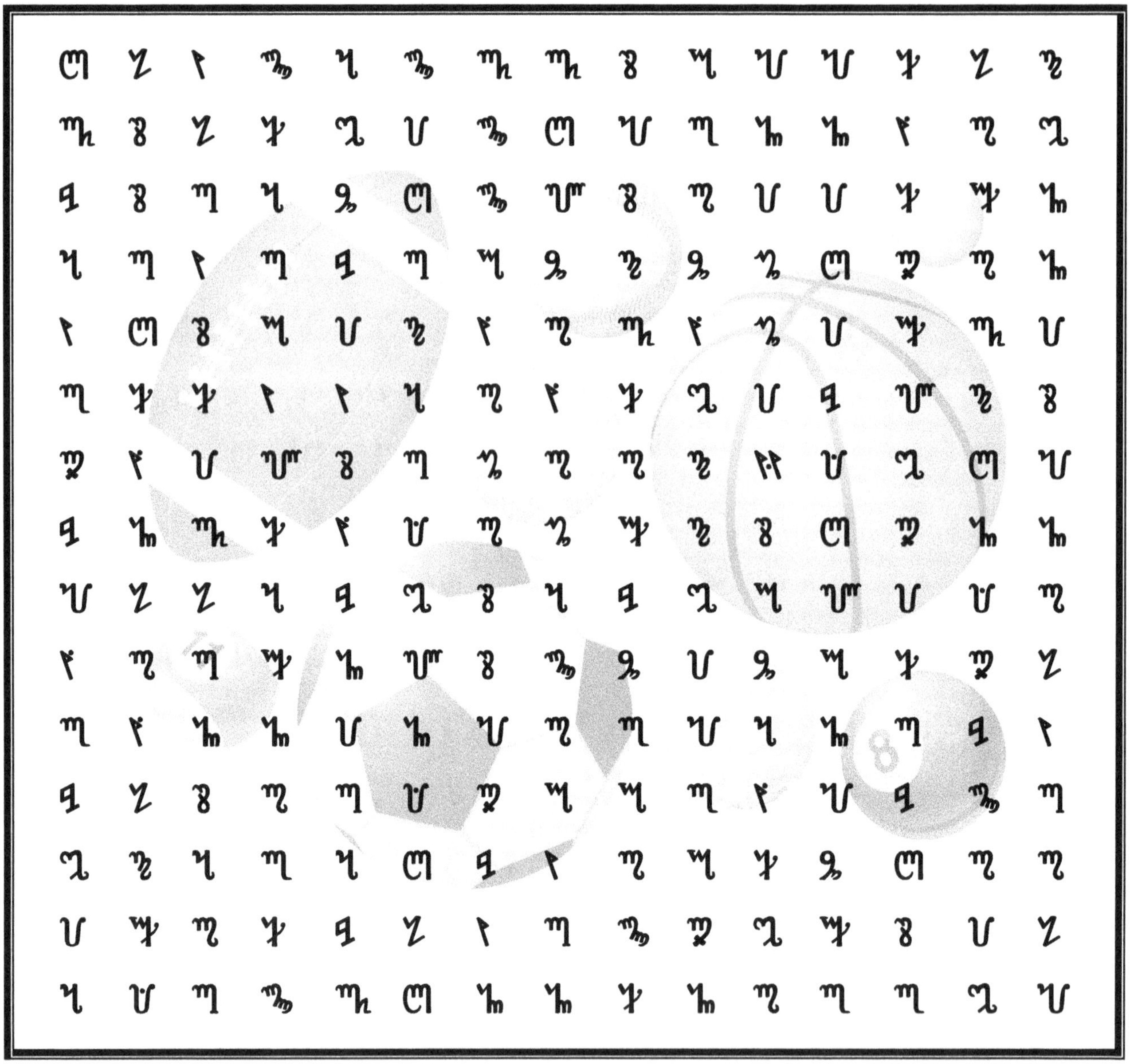

BASEBALL	**BIKING**	**CRICKET**
CROQUETTE	**FOOTBALL**	**HOCKEY**
KARATE	**RACING**	**RUGBY**
RUNNING	**SKYDIVING**	**SOCCER**
SQUASH	**SWIMMING**	**TENNIS**

Going Digital

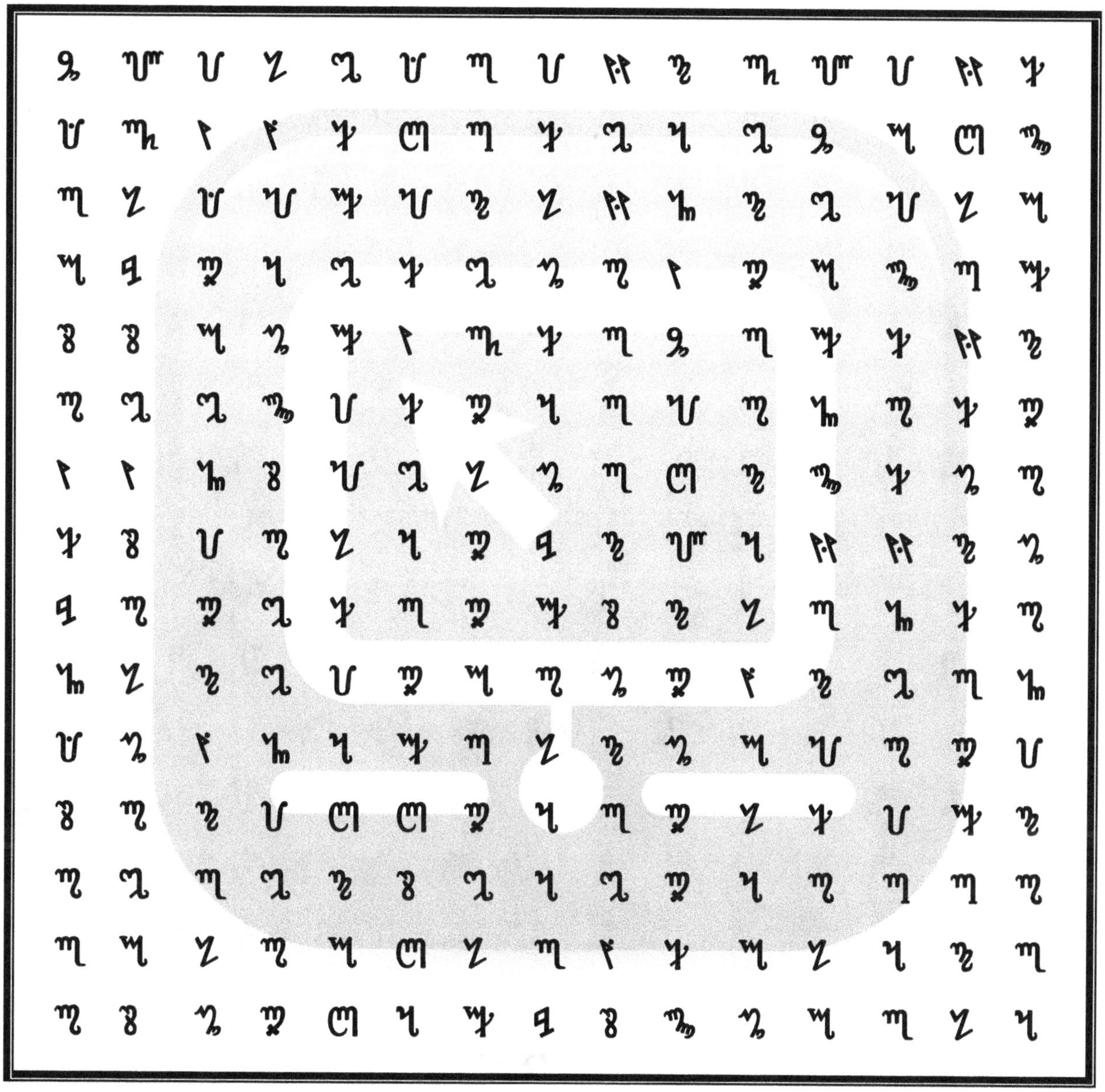

ALARM	**CALCULATOR**	**CLOCK**
COMPUTER	**HEADPHONES**	**LAPTOP**
MONITOR	**PHONOGRAPH**	**PRINTER**
RADIO	**SPEAKERS**	**STEREO**
TELEPHONE	**TELEVISION**	**WATCH**

Body Building

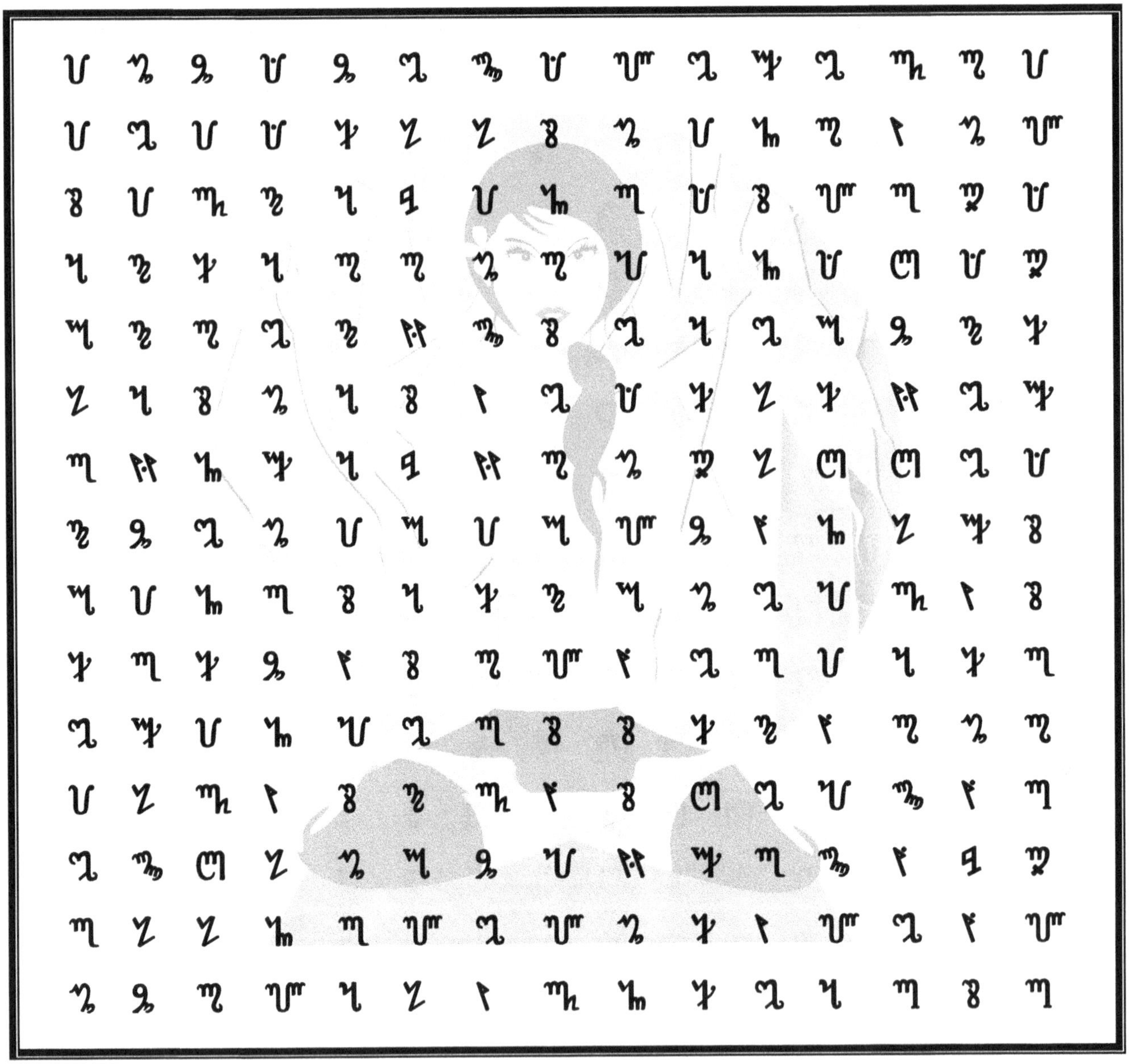

ANKLE	**ARMS**	**EARS**
ELBOWS	**EYES**	**FEET**
FINGERS	**HAIR**	**HEAD**
KNEES	**LEGS**	**MOUTH**
NOSE	**STOMACH**	**TOES**

Does it Count?

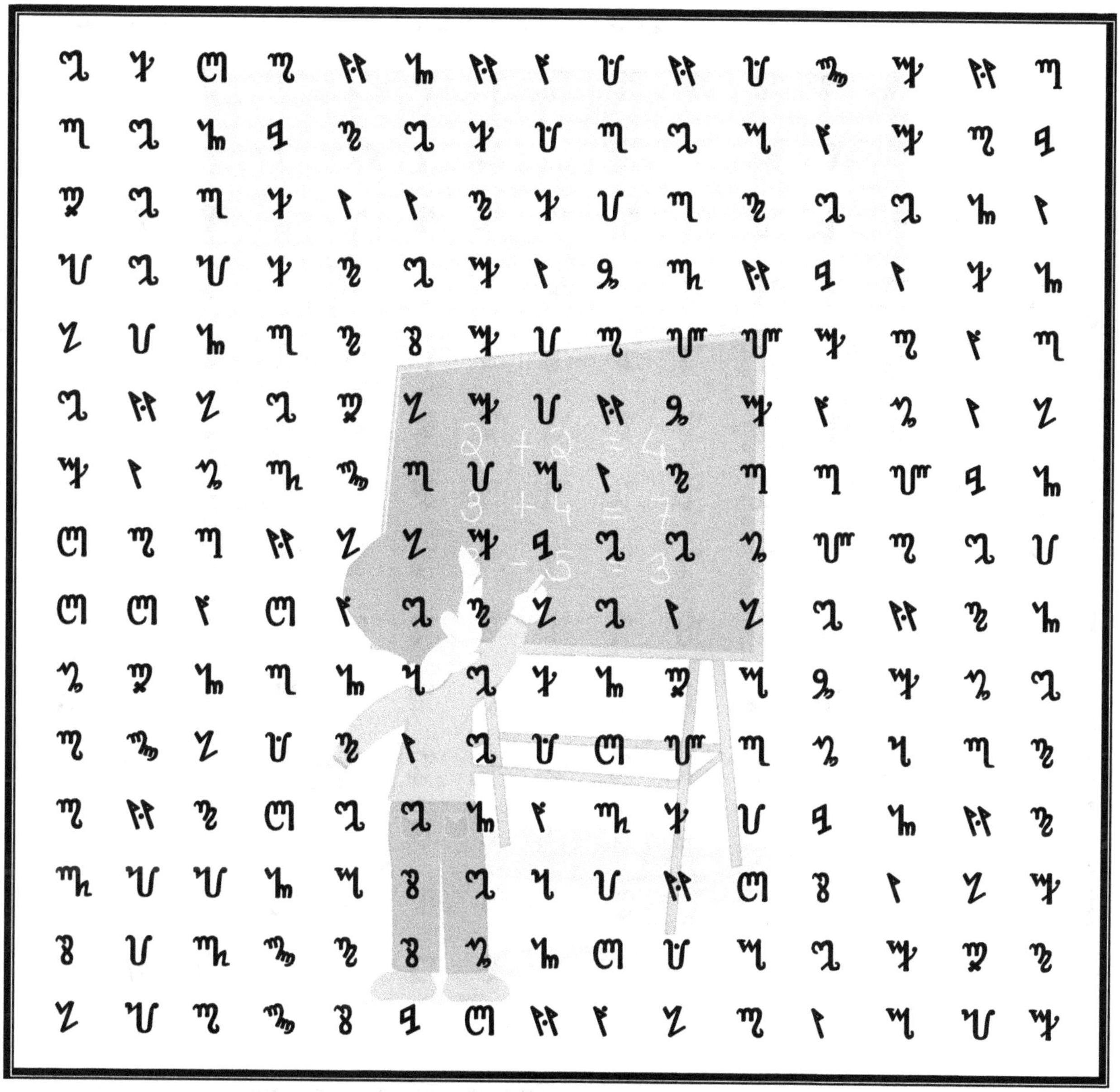

EIGHT	ELEVEN	FIFTEEN
FIVE	FOUR	FOURTEEN
NINE	ONE	SEVEN
SIX	TEN	THIRTEEN
THREE	TWELVE	TWO

Where Do You Want to Go Today?

BANGLADESH	**BARCELONA**	**CAIRO**
CHICAGO	**DUBLIN**	**GENEVA**
LONDON	**MOSCOW**	**PARIS**
ROME	**SHANGHAI**	**SINGAPORE**
SYDNEY	**TOKYO**	**TORONTO**

What Color is Your Sky?

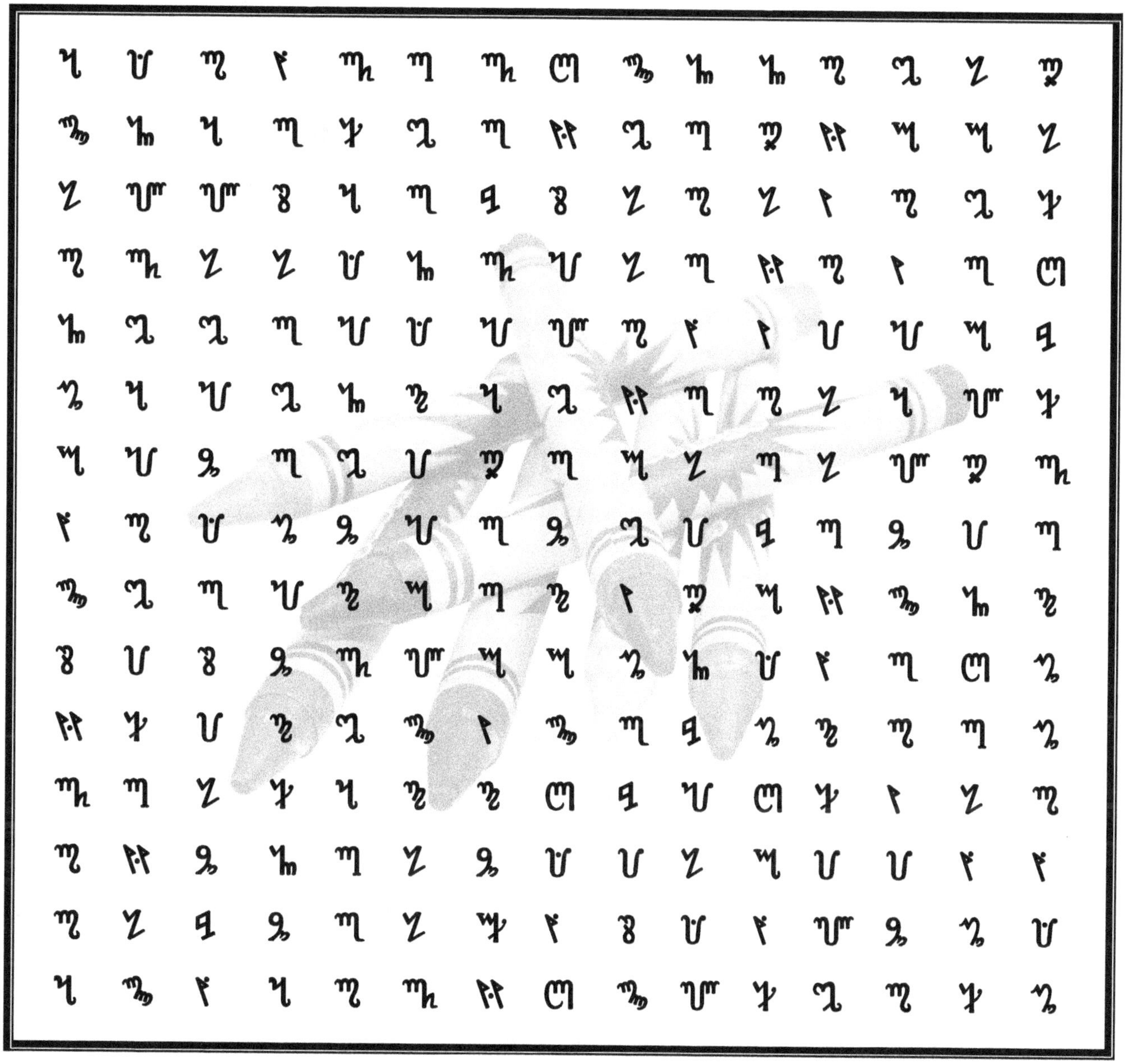

BLACK	**BLUE**	**BROWN**
CYAN	**GOLD**	**GREEN**
GREY	**IVORY**	**MAGENTA**
ORANGE	**PINK**	**RED**
VIOLET	**WHITE**	**YELLOW**

Play it Again Sam

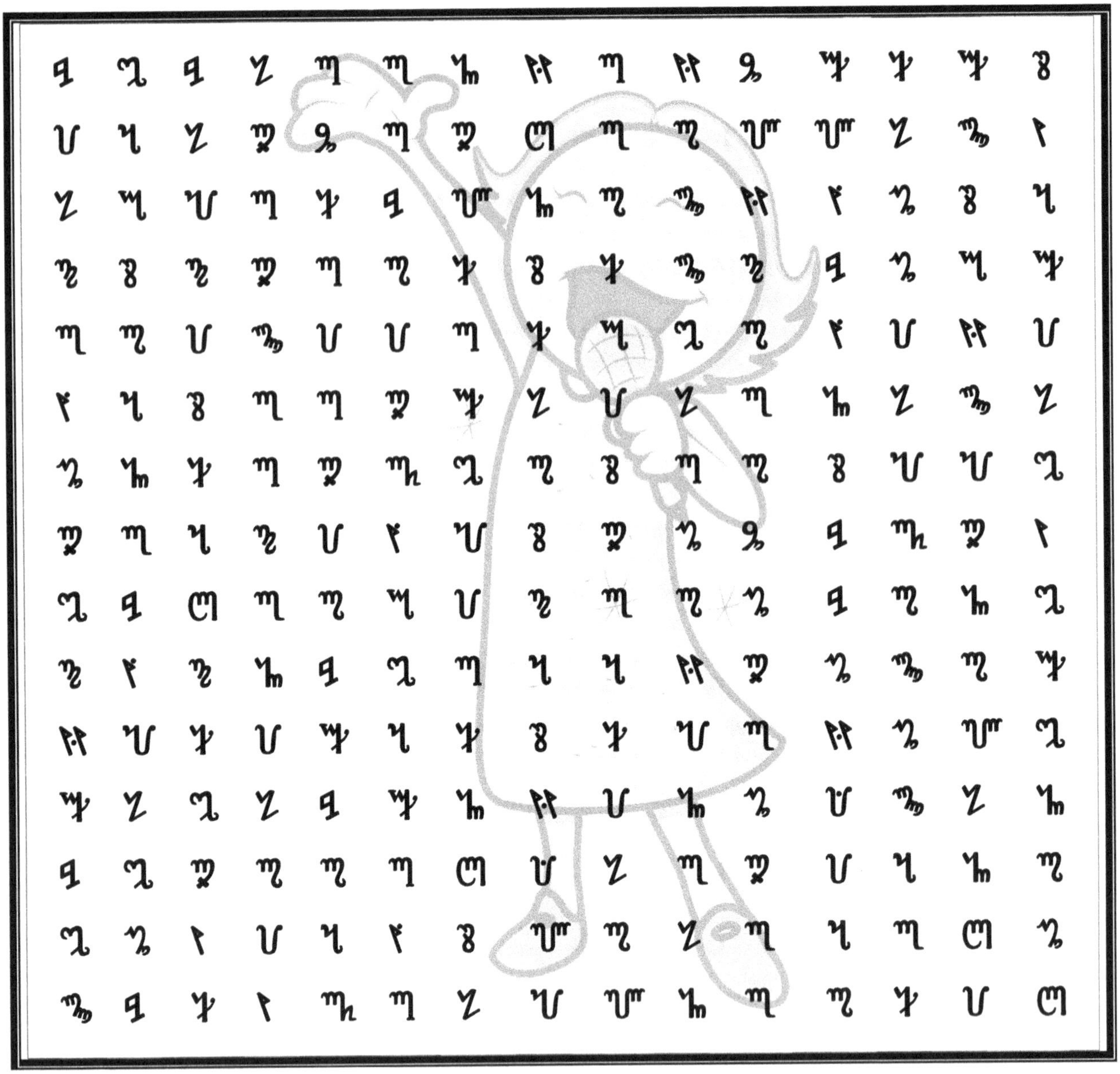

BAGPIPES	**BANJO**	**BUGLE**
DRUMS	**FIDDLE**	**FLUTE**
GUITAR	**HARMONICA**	**HARPSICHORD**
HORN	**PIANO**	**SYMBOLS**
TROMBONE	**TRUMPET**	**VIOLIN**

Going Full Circle

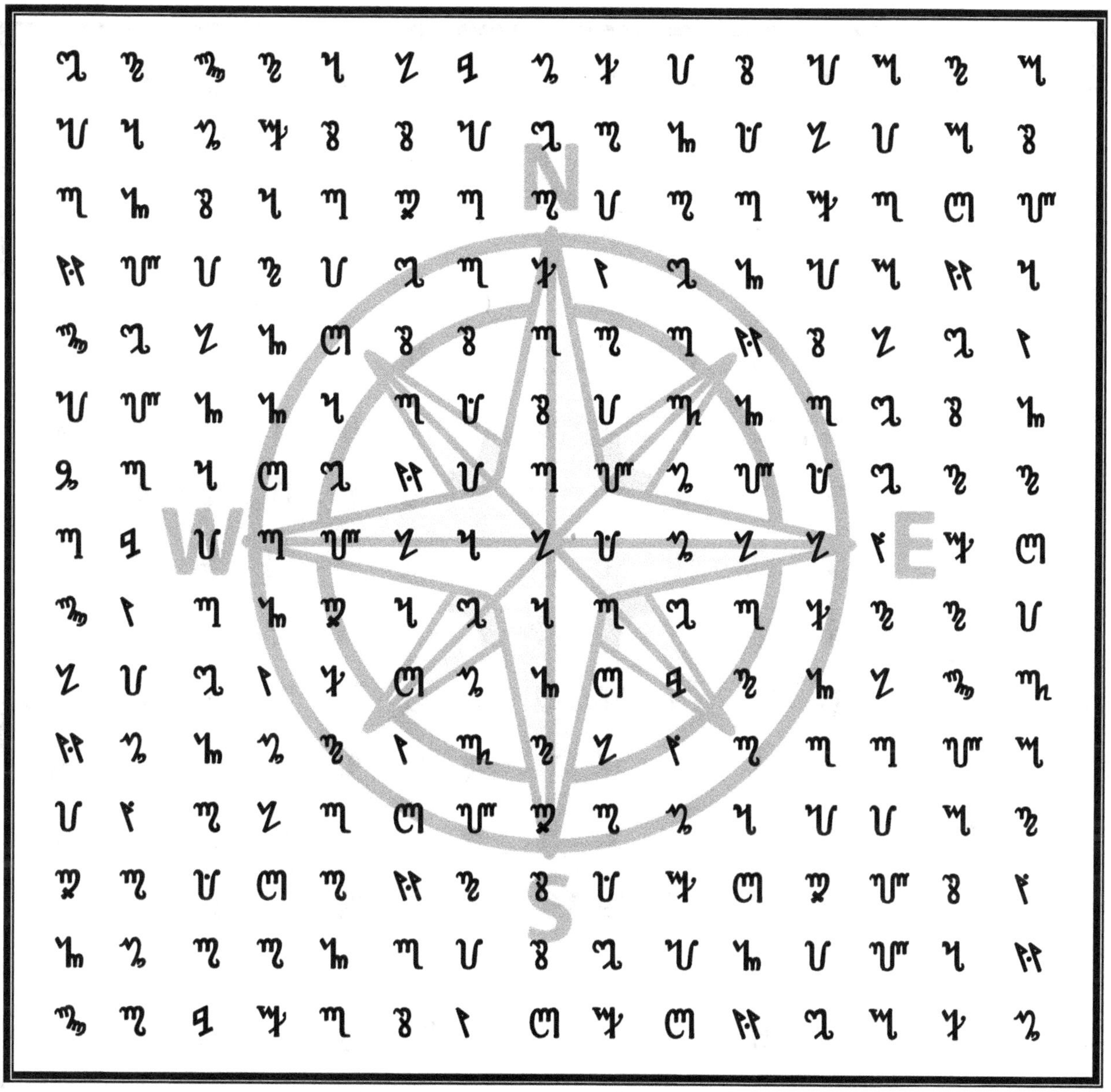

CIRCLE	**DEOSIL**	**EAST**
FULL	**MAGIC**	**MOON**
MOONRISE	**MOONSET**	**NEW**
NORTH	**SOUTH**	**WANING**
WAXING	**WEST**	**WIDDERSHINS**

Tools of the Trade

ALTAR	ATHAME	BELL
BOLLINE	BOWL	BROOM
CANDLE	CAULDRON	CENSER
CHALICE	CRYSTAL	INCENSE
PENTACLE	STATUE	WAND

SECTION 1 ANSWERS

Theban Word Search Answers

What Month is It?

```
* * * * * * * * * * T * * * *
* * * * * * * * * * S * * M *
S E P T E M B E R D U * A * H
A P R I L * * * E * G Y * C *
* * * * * * * C * * U * R * *
* * * * * * E * * * A A * N *
F * * * * M * * * * M * * O *
* E R * B * * * * * * * * V *
* * B E Y R A U N A J * * E *
* * R R B * * * J * * * * M *
J * * * U O * * U * * * * B *
* U * * * A T * L * * * * E *
* * N * * * R C Y * * * * R *
* * * E * * * Y O * * * * * *
* * * * * * * * * * * * * * *
```

APRIL, AUGUST, DECEMBER, FEBRUARY, JANUARY, JULY,
JUNE, MARCH, MAY, NOVEMBER, OCTOBER, SEPTEMBER

The Clothes We Wear

```
* * * * T * * * S J F * S * *
* * * G R * * H * R A N * * *
* * * L I * O * A * E C * * *
* * * O H E * C * T C * K * *
* * * V S * S * T * A * * E *
* * * E * * * I H * P * * * T
* * * S * * M * * A * * * * *
* * * * * * * * * S T * * * *
T * * * * * * * * F S K C O S
* R * * * * * * * F * * * * *
* * I * * * * * * U * * * * *
* * * K * * * T * M * * * * *
B L O U S E I * * R * * * * *
* * * * * E * * * A * * * * *
* * * B O O T S * E * * * * *
```

BLOUSE, BOOTS, CAP, EARMUFFS, GLOVES, HAT, JACKET,
MITTENS, SCARF, SHIRT, SHOES, SKIRT, SOCKS, TIE

Those Wiccan Sabbats

```
* * * L * C * * * * B * A * *
* * * U * * L * Y E * * R * *
* * * G * * * O L U * * A * *
N I A H M A S T B * L * T * *
* * * N * * A * * M * E S * *
* * * A * N * * * * I * O * *
* * * S E * * * * * * * * * *
* * * A * * * * * * * * * * *
* * * D * * * * * * * * * * *
* * * H A * * * * * * * * * *
* * * H * * * * * * * * * * *
* * T M A B O N * * * * * * *
* I * * * * * * * * * * * * *
L * * * * * * * * * * * * * *
* * * * * * * * * * * * * * *
```

BELTANE, IMBOLC, LITHA, LUGHNASADH, MABON, OSTARA, SAMHAIN, YULE

Furniture Around the House

```
R * * * * * * * * B D * * * *
I * * * * * * * * N E * * * *
A * * * * * * H A * * D * * *
H * * * * * * T C * * * * * *
C * * * * * S H A U * * * * *
G * * * * T A * B * O * * H *
N * * * H I * * I * * C * C *
I * * G R * * * N * * * * T *
K D I S * * * * E L B A T U *
C N R * * * * * T * * * * H *
O * * E A * F O O T S T O O L
R * * F S * D E S K * * * * *
* * O * * S * * * * * * * * *
* S * * * * E * * * * * * * *
* * * * * * * R * * * * * * *
```

BED, CABINET, CHAIRS, COUCH, DESK, DRESSER, FOOTSTOOL,
HUTCH, NIGHTSTAND, ROCKINGCHAIR, SOFA, TABLE

Don't Bug Me

```
* * * * * * * * * E * * * D *
* C * * * * * * T * * * R * *
* O * * N * * I * * * A E L F
* C * * * O M * * * G * * * *
G K * * * R I * * O * * * * T
A R * * E * * P N * * * * * E
N O A T * Y L F R E T T U B K
T A * S * * L * * O * * M Y C
S C * * S Y E * * * C O * L I
* H * * * H S E * * T S * F R
B E E T L E O P B H * * * * C
* * * * * * * P I * * * * * *
* * * * * * * * P D * * * * *
* * * * * * * * * E E * * * *
* * * * * * * * * * R R * * *
```

ANTS, BEE, BEETLE, BUTTERFLY, COCKROACH, CRICKET, DRAGONFLY, FLEA, FLY, GRASSHOPPER, MOTH, SCORPION, SPIDER, TERMITE

Wild in the Water

```
S * L O * * * * * * * * * * *
T * A * T * * * * * * * * C *
A * E * * T * * * * * * R O *
R * S * * * E * R * * P E R *
F * * * * K * R * E E * V A *
I * * * R * * * * N T * A L *
S * * A * * * * Q * * S E * *
H * H * * * * U * * * * B * *
* S * * * * I W H A L E * O *
* * * * * N * * * * * * * * L
* * * * F * * * M * * * * * *
* * L I B A R C * A * * * * *
* E S * * * N I H P L O D * *
E H * * * * * * * * * C * * *
* * * * * * * * * * * * * * *
```

BEAVER, CLAM, CORAL, CRAB, DOLPHIN, EEL, FISH, LOBSTER, OTTER, PENQUIN, SEAL, SHARK, STARFISH, WHALE

It's All in the Shell

E	T	*	K	*	*	S	*	C	*	*	*	*	*	*
S	U	*	N	*	N	*	R	*	*	*	*	*	*	*
I	R	*	I	A	*	O	K	C	E	G	*	*	*	*
O	T	*	K	*	C	R	O	T	A	G	I	L	L	A
T	L	E	S	O	*	*	U	*	*	*	*	*	*	*
R	E	*	D	*	I	*	*	A	E	*	*	*	*	*
O	*	I	*	*	*	G	*	*	S	L	*	*	*	*
T	L	*	*	*	*	A	U	*	*	O	O	*	*	*
E	*	*	*	*	R	*	*	A	*	*	N	N	*	*
*	*	*	*	A	*	*	*	*	N	*	*	I	A	*
*	*	*	T	*	*	*	*	*	*	A	*	*	D	*
*	*	A	L	I	Z	A	R	D	*	*	*	*	*	*
*	U	*	*	*	*	*	*	*	*	*	*	*	*	*
T	*	*	*	*	*	*	*	*	*	*	*	*	*	*
*	*	*	*	*	*	*	*	*	*	*	*	*	*	*

ALLIGATOR, ANOLE, CROCODILE, DINOSAUR, GECKO, IGUANA,
LIZARD, SKINK, SNAKE, TORTOISE, TUATARA, TURTLE

Take Flight

*	*	*	*	*	*	W	*	*	*	*	C	*	*	*
*	*	*	*	*	*	O	*	*	*	O	*	*	*	*
*	C	*	*	*	*	R	*	*	N	*	*	*	*	*
*	A	*	*	*	*	C	*	D	*	*	*	*	*	*
*	R	*	*	*	T	*	O	*	*	K	*	*	*	*
*	D	*	*	O	*	R	*	*	W	*	*	*	F	*
*	I	*	R	*	*	*	*	A	*	*	*	*	A	*
*	N	R	*	W	*	*	H	*	*	*	*	*	L	*
*	A	*	T	*	O	M	N	E	K	C	I	H	C	L
P	L	E	*	U	O	R	T	O	U	C	A	N	O	L
*	*	*	L	C	R	*	R	*	*	*	*	*	N	U
*	*	*	K	G	*	K	*	A	*	*	*	*	*	G
*	*	I	*	*	A	*	E	*	P	*	*	*	*	A
*	N	E	V	A	R	E	*	Y	*	S	*	*	*	E
G	S	W	A	N	*	*	*	*	*	*	*	*	*	S

CARDINAL, CHICKEN, CONDOR, CROW, EAGLE, FALCON, HAWK,
MOCKING, PARROT, RAVEN, SEAGULL, SPARROW, SWAN, TOUCAN, TURKEY

Fishing Around

Y	*	*	*	*	*	*	H	P	M	S	*	*	*	*
*	A	*	*	*	*	S	S	U	P	A	*	*	*	*
*	*	R	*	*	I	*	I	F	R	L	R	*	*	M
*	*	*	G	F	*	*	F	F	A	M	*	L	A	*
*	*	*	N	N	*	*	T	E	C	O	*	C	I	S
*	*	U	*	*	I	*	A	R	*	N	R	A	W	N
*	S	*	*	*	*	T	C	F	*	O	N	O	*	*
W	A	L	L	E	Y	E	S	I	*	U	R	*	*	*
T	U	O	R	T	*	*	*	S	T	D	*	*	*	*
H	S	I	F	D	L	O	G	H	F	*	S	*	*	*
*	*	*	*	*	*	*	*	I	*	*	*	S	*	*
*	*	*	*	*	*	*	*	S	*	*	*	*	A	*
*	*	*	*	*	*	H	*	*	*	*	*	*	*	B
*	*	*	*	*	*	*	*	*	*	C	O	Y	*	*
*	*	*	*	*	*	*	*	*	*	*	*	*	*	*

BASS, CARP, CATFISH, COY, GOLDFISH, MACRO, MARLIN, PUFFERFISH, SALMON, STINGRAY, SUNFISH, SWORDFISH, TROUT, TUNA, WALLEYE

Our Universe

S	*	*	*	*	*	*	S	B	*	*	*	N	L	*
N	*	*	*	*	*	*	I	T	*	*	O	*	I	*
E	*	*	*	*	*	G	*	*	A	I	*	*	G	*
V	*	*	*	*	D	*	*	*	T	R	*	E	H	*
A	*	*	*	I	G	A	L	A	X	Y	S	A	T	*
E	*	N	P	*	*	*	L	*	*	*	*	R	Y	*
H	B	P	U	S	O	L	A	R	S	Y	S	T	E	M
Y	E	L	*	S	E	*	*	*	*	*	*	H	A	*
R	A	*	A	T	U	A	N	O	R	T	S	A	R	S
*	*	W	S	C	N	O	O	M	S	*	*	*	R	*
*	*	N	Y	*	K	*	*	P	*	*	*	A	*	*
*	O	*	*	K	*	H	A	*	*	*	S	*	*	*
C	*	*	*	*	L	C	O	*	*	L	*	*	*	*
*	*	*	*	*	E	I	*	L	U	*	*	*	*	*
*	*	*	*	*	*	*	M	P	E	*	*	*	*	*

ASTRONAUT, BIG DIPPER, BLACKHOLE, CONSTELLATION, EARTH, GALAXY, HEAVENS, LIGHTYEAR, MILKYWAY, MOON, PULSARS, SOLAR SYSTEM, SPACE, STARS, SUN

Animals at Large

*	H	G	*	*	*	*	*	*	*	S	*	*	*	*
*	O	C	*	*	*	B	*	*	*	U	K	*	*	K
D	*	*	I	*	*	E	*	*	*	R	*	L	*	A
*	*	*	*	R	*	A	*	*	B	L	*	*	E	N
T	I	G	E	R	T	R	*	U	*	A	*	*	*	G
*	*	*	F	*	*	S	F	*	*	W	*	*	*	A
*	*	I	*	*	*	F	O	R	E	E	D	*	*	R
*	S	R	A	T	A	*	R	*	*	*	*	*	*	O
H	*	*	*	L	*	*	*	H	*	*	*	*	*	O
*	*	*	O	*	*	*	*	L	I	*	*	*	*	*
*	*	*	*	*	*	*	E	*	*	N	*	*	*	*
T	*	*	*	*	*	M	*	*	*	*	O	*	*	*
A	*	*	*	*	A	*	*	*	*	*	*	*	*	*
C	*	*	*	C	*	*	*	*	*	*	*	*	*	*
E	F	F	A	R	I	G	*	*	*	*	*	*	*	*

BEAR, BUFFALO, CAMEL, CAT, DEER, DOG, ELK, FISH,
GIRAFFE, KANGAROO, OSTRICH, RAT, RHINO, TIGER, WALRUS

Sports Anyone?

*	L	*	Y	*	*	*	*	S	C	G	G	*	*	T
*	*	L	*	E	*	*	K	*	R	N	N	*	*	E
*	*	*	A	*	K	Y	*	S	O	I	I	*	*	N
*	*	*	*	B	D	C	Q	*	Q	M	K	*	*	N
*	*	*	*	I	T	U	O	*	U	M	I	*	*	I
*	*	*	V	*	A	O	*	H	E	I	B	*	T	S
*	*	I	*	S	*	*	O	*	T	W	*	E	*	G
*	N	*	H	*	*	*	*	F	T	S	K	*	N	*
G	L	L	A	B	E	S	A	B	E	C	*	I	*	*
*	*	*	*	*	*	S	*	*	I	*	C	*	*	*
R	U	N	N	I	N	G	O	R	*	A	*	*	*	*
*	*	*	*	*	*	*	C	C	R	U	G	B	Y	*
E	T	A	R	A	K	*	*	*	C	*	*	*	*	*
*	*	*	*	*	*	*	*	*	*	E	*	*	*	*
*	*	*	*	*	*	*	*	*	*	*	R	*	*	*

BASEBALL, BIKING, CRICKET, CROQUETTE, FOOTBALL, HOCKEY, KARATE, RACING,
RUGBY, RUNNING, SKYDIVING, SOCCER, SQUASH, SWIMMING, TENNIS

Going Digital

```
* * * * * * * * W T * * * * *
* * * * * * * * E A E * * * *
* * * * * * * L * N T * * * *
* * * * * * E * O * * C * * *
S * * * * V * H * * R * H * *
* E * * I H P A R G O N O H P
* * N S * E * * * * T * * * *
* S I O L * P * * * A * * * M
* O P E H R P * * * L * * * O
N * T E I P C O M P U T E R N
* * * N A * D * T M C * O * I
* * T * * K * A R P L * I * T
O E R E T S E A E * A * D * O
R C L O C K L R * H C L A * R
* * * * * A * * S * * * R * *
```

ALARM, CALCULATOR, CLOCK, COMPUTER, HEADPHONES, LAPTOP, MONITOR, PHONOGRAPH, PRINTER, RADIO, SPEAKERS, STEREO, TELEPHONE, TELEVISION, WATCH

Body Building

```
* * * * * E * * * * * * * * *
* * * * * L * S * * * * * * *
S * * * * B * N R * * * * * *
* T * * * O * O * A * * * * *
* * O * * W * S * * E * * T *
* * * M * S * E * * * * * E *
* * * * A * * * * * * * K E *
* * * * * C * * * * * N * F *
* * * * * * H T * * E * * * *
* * * * * * O * * E R I A H *
E F I N G E R S S H T U O M *
* L * * S * * * S * E * * * *
* * K * M * * G * * * Y * * *
* * * N R * E * * * * * E * *
* * * * A L * * * H E A D S *
```

ANKLE, ARMS, EARS, ELBOWS, EYES, FEET, FINGERS, HAIR, HEAD, KNEES, LEGS, MOUTH, NOSE, STOMACH, TOES

Does it Count?

```
E * * O * N * * * * * * * * *
* E N * T E * * * * * * * * *
* E R H * V T H I R T E E N *
* * G H * E * * * * * * * * *
* I * * T S F * * * * F O U R
E * * * * * F I * * * * * * *
F * * * * * I * V * * * * * N
* O * * * * F * E E * * * * I
* * U * * * T L E V L E W T N
* * * R * * E * * * * * * * E
* * * * T V E * * X * * * * T
O W T * E E N * * * I * * * *
* * * N * * E * * * * S * * *
* * * * * * * N * * * * * * *
* * * * * * * * * * * * * * *
```

EIGHT, ELEVEN, FIFTEEN, FIVE, FOUR, FOURTEEN, NINE,
ONE, SEVEN, SIX, TEN, THIRTEEN, THREE, TWELVE, TWO

Where Do You Want to Go Today?

```
D * * * * * * O * * * * * * *
I U * * * * G * M * B R * * *
A * B * * A * O * A * * O * *
H N * L C * S * N * * * * M *
G * O I I C * G * * * * * * E
N * H L O N L * * * * * * * *
A C * W E A E R O P A G N I S
H * * * D C T O R O N T O * Y
S * * E * * R A T O K Y O * D
S * S * * * * A V * * O * * N
I H N O D N O L B E R * * * E
R * * * * * * * * I N * * * Y
A * * * * * * * A * * E * * *
P * * * * * * C * * * * G * *
* * * * * * * * * * * * * * *
```

BANGLADESH, BARCELONA, CAIRO, CHICAGO, DUBLIN, GENEVA, LONDON,
MOSCOW, PARIS, ROME, SHANGHAI, SINGAPORE, SYDNEY, TOKYO, TORONTO

What Color is Your Sky?

*	*	O	*	*	D	*	*	Y	*	N	*	*	*	*
*	*	*	R	*	E	*	*	E	D	*	W	*	*	*
*	*	*	*	A	R	*	*	L	*	L	*	O	*	*
*	*	*	*	*	N	*	*	L	*	*	O	V	R	K
N	E	E	R	G	*	G	*	O	*	*	I	G	C	B
M	A	G	E	N	T	A	E	W	*	O	*	A	*	*
*	*	*	*	*	*	*	*	*	L	*	L	*	P	*
*	*	*	*	*	*	*	*	E	*	B	*	*	I	*
Y	E	R	G	*	*	*	T	*	*	*	*	Y	N	*
*	*	*	*	*	*	C	*	*	*	*	*	R	K	*
W	H	I	T	E	Y	*	*	*	*	*	*	O	*	*
*	*	*	*	A	*	*	*	B	*	*	*	V	*	*
*	*	*	N	*	*	*	*	*	L	*	*	I	*	*
*	*	*	*	*	*	*	*	*	*	U	*	*	*	*
*	*	*	*	*	*	*	*	*	*	*	E	*	*	*

BLACK, BLUE, BROWN, CYAN, GOLD, GREEN, GREY, IVORY, MAGENTA, ORANGE, PINK, RED, VIOLET, WHITE, YELLOW

Play it Again Sam

B	E	*	*	*	*	*	*	D	*	*	*	*	F	S
*	A	L	*	*	*	*	*	R	*	*	*	L	Y	*
*	*	G	D	*	*	*	*	O	*	*	U	M	S	A
T	*	*	P	D	*	*	*	H	*	T	B	M	C	*
R	*	*	*	I	I	*	*	C	E	O	U	I	*	*
U	*	*	*	*	P	F	*	I	L	R	N	*	*	*
M	*	*	*	*	*	E	*	S	D	O	*	*	*	*
P	R	A	T	I	U	G	S	P	M	*	*	*	*	*
E	B	*	*	*	*	*	T	R	O	M	B	O	N	E
T	U	*	N	B	*	*	A	A	*	*	*	*	*	*
*	G	*	I	*	A	H	*	H	*	*	*	*	*	*
*	L	*	L	*	*	N	*	*	*	*	*	*	*	*
*	E	*	O	*	*	*	J	*	*	P	I	A	N	O
*	*	*	I	*	*	*	*	O	*	*	*	*	*	*
*	*	*	V	*	*	*	*	*	N	R	O	H	*	*

BAGPIPES, BANJO, BUGLE, DRUMS, FIDDLE, FLUTE, GUITAR, HARMONICA, HARPSICHORD, HORN, PIANO, SYMBOLS, TROMBONE, TRUMPET, VIOLIN

Going Full Circle

E	*	*	*	*	*	*	M	*	*	S	*	C	*	*
G	A	*	*	*	*	*	*	O	N	*	*	I	*	*
*	N	S	*	*	*	*	*	I	O	D	*	R	*	*
W	*	I	T	*	*	*	H	*	E	N	*	C	W	*
*	E	*	N	*	*	S	*	O	*	*	S	L	E	*
*	*	N	*	A	R	*	S	*	*	*	*	E	S	*
*	*	*	*	E	W	I	*	*	*	*	*	*	T	*
*	*	*	D	*	L	*	*	*	*	L	L	U	F	*
*	*	D	*	*	*	*	*	*	*	*	H	*	*	*
*	I	*	*	H	*	*	*	*	*	T	*	*	*	*
W	*	*	M	T	*	*	*	*	U	*	*	*	*	*
*	*	O	*	R	*	*	*	O	M	A	G	I	C	*
*	O	*	*	O	*	*	S	*	*	*	*	*	*	*
N	M	O	O	N	R	I	S	E	G	N	I	X	A	W
*	*	*	*	*	*	*	*	*	*	*	*	*	*	*

CIRCLE, DEOSIL, EAST, FULL, MAGIC, MOON, MOONRISE, MOONSET, NEW, NORTH, SOUTH, WANING, WAXING, WEST, WIDDERSHINS

Tools of the Trade

I	N	C	E	N	S	E	B	R	O	O	M	B	*	*
E	U	T	A	T	S	*	N	C	E	*	*	E	*	B
*	A	*	*	*	*	O	*	H	L	M	*	L	O	*
*	*	L	*	*	R	*	*	A	C	*	A	L	*	*
*	*	*	T	D	*	*	*	L	A	*	L	H	*	*
C	*	*	L	E	*	*	*	I	T	I	*	*	T	*
*	R	U	*	*	R	*	*	C	N	L	W	O	B	A
*	A	Y	*	E	*	*	*	E	E	*	*	*	*	*
C	*	*	S	*	*	*	*	*	P	*	*	*	*	*
*	*	N	*	T	*	*	*	*	E	*	*	*	*	*
*	E	*	*	*	A	*	*	W	L	*	*	*	*	*
C	*	*	*	*	*	L	A	*	D	*	*	*	*	*
*	*	*	*	*	*	N	*	*	N	*	*	*	*	*
*	*	*	*	*	D	*	*	*	A	*	*	*	*	*
*	*	*	*	*	*	*	*	*	C	*	*	*	*	*

ALTER, ATHAME, BELL, BOLLINE, BOWL, BROOM, CANDLE, CAULDRON, CENSER, CHALICE, CRYSTAL, INCENSE, PENTACLE, STATUE, WAND

SECTION TWO

THEBAN-ENGLISH TRANSLATION

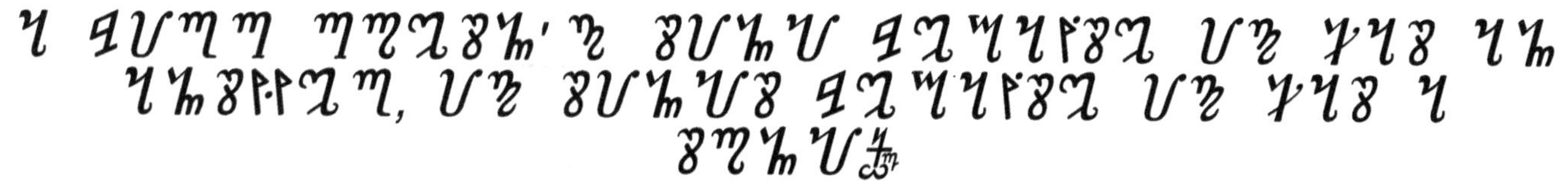

A _ird do_sn't si_g _eca_se it h_s an a_sw_r,
it si_gs be_aus_ it h*as a son*_.

- Maya Angelous

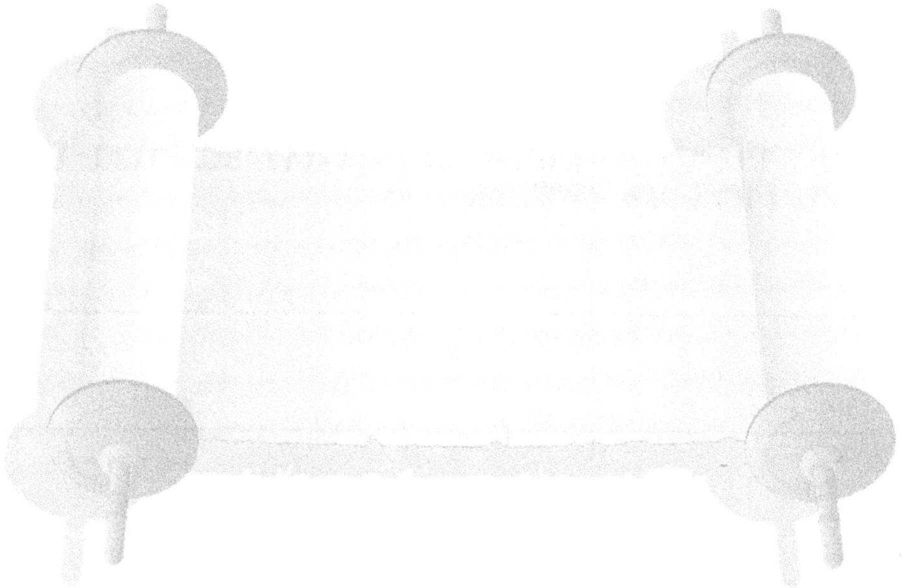

Theban Conversion Table

Translate The Following Into English

Convert the following sentences to English
to reveal the hidden message.

1. 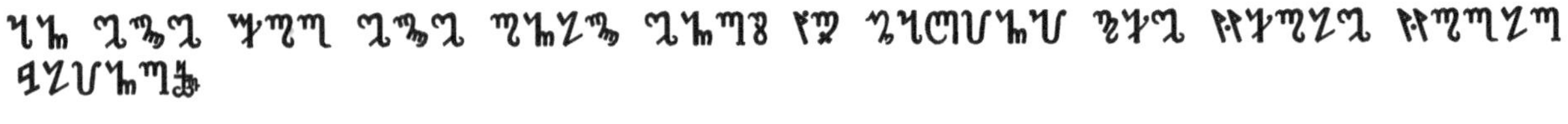

2. 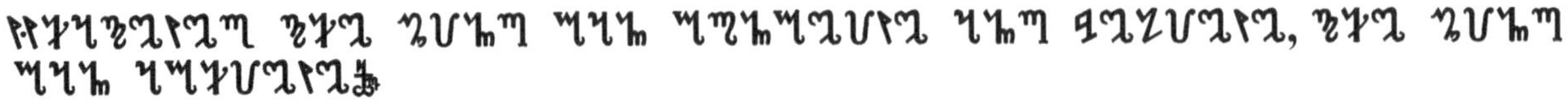

3. 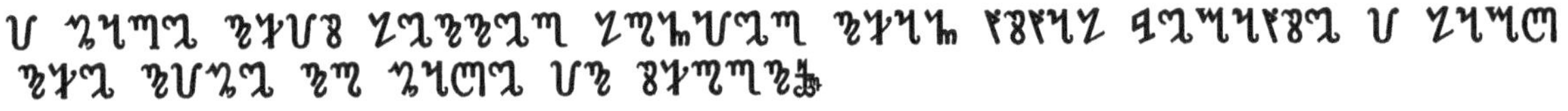

4. In the depths of winter I finally learned that within me there lay an invincible summer.

5. One kind word can warm three winter months.

6. To love and be loved is to feel the sun from both sides.

7. It's a rare person who wants to hear what he doesn't want to hear.

8. [Theban script]
[Theban script]
[Theban script]

9. [Theban script]
[Theban script]

10. [Theban script]

11. [Theban script]
[Theban script]

12. Money is like a sixth sense without which you cannot make a complete use of the other five.

13. This paperback is very interesting, but I find it will never replace a hardcover book - it makes a very good doorstop.

14. Habit is habit and not to be flung out of the window by any man, but coaxed downstairs a step at a time.

15. If men were angels, no government would be necessary.

16. Gardens and flowers have a way of bringing people together, drawing them from their homes.

17. Computers are useless. They can only give you answers.

18. When I only begin to read, I forget I'm on this world. It lifts me on wings with high thoughts.

19. Genius is one per cent inspiration, ninety-nine per cent perspiration.

20. The advantage of a bad memory is that one enjoys several times the same good things for the first time.

SECTION 2 ANSWERS
Deciphering Theban

#1. ***An eye for eye only ends up making the whole world blind.***

- M.K. Gandhi

#2. ***Whatever the mind can conceive and believe, the mind can achieve.***

- Dr. Napoleon Hill

#3. ***I made this letter longer than usual because I lack the time to make it short.***

- Blaise Pascal

#4. ***In the depths of winter I finally learned that within me there lay an invincible summer.***

- Albert Camus

#5. ***One kind word can warm three winter months.***

- Japanese proverb

#6. ***To love and be loved is to feel the sun from both sides.***

- David Viscott

#7. ***It's a rare person who wants to hear what he doesn't want to hear.***

- Dick Cavett

#8. ***Remember not only to say the right thing in the right place, but far more difficult still, to leave unsaid the wrong thing at the tempting moment.***

- Benjamin Franklin

#9. ***It has been my experience that folks who have no vices have very few virtues.***

- Abraham Lincoln

#10. ***Write a wise saying and your name will live forever.***

- Anonymous

#11. *We can draw lessons from the past, but we cannot live in it.*

- Lyndon B. Johnson

#12. *Money is like a sixth sense without which you cannot make a complete use of the other five.*

- W. Somerset Maugham

#13. *This paperback is very interesting, but I find it will never replace a hardcover book - it makes a very poor doorstop.*

- Alfred Hitchcock

#14. *Habit is habit and not to be flung out of the window by any man, but coaxed downstairs a step at a time.*

- Mark Twain

#15. *If men were angels, no government would be necessary.*

- James Madison

#16. *Gardens and flowers have a way of bringing people together, drawing them from their homes.*

- Clare Ansberry

#17. *Computers are useless. They can only give you answers.*

- Pablo Picasso

#18. *When I only begin to read, I forget I'm on this world. It lifts me on wings with high thoughts.*

-Anzia Yezierska

#19. *Genius is one per cent inspiration, ninety-nine per cent perspiration.*

- Thomas A. Edison

#20. *The advantage of a bad memory is that one enjoys several times the same good things for the first time.*

- Friedrich Nietzsche

SECTION THREE
ENGLISH-THEBAN TRANSLATION

I think age is a very high price to pay for maturity.

- Tom Stoppard -

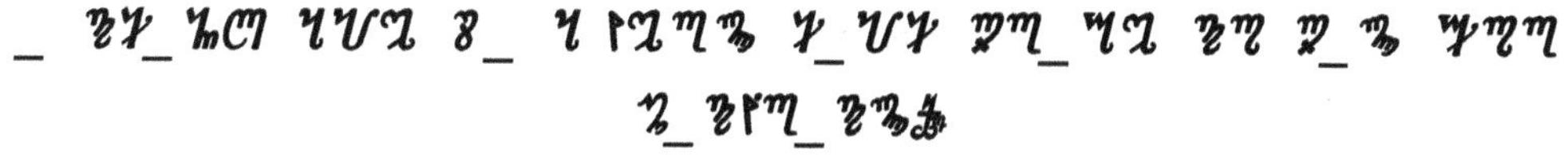

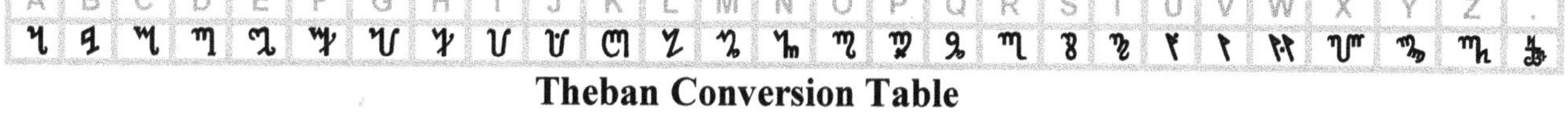

Theban Conversion Table

Translate the Following Into Theban, Including Who Quoted

1. *The only thing wrong with immortality is that it tends to go on forever.*

- Herb Caen

2. *Nothing great was ever achieved without enthusiasm.*

- Ralph Waldo Emerson

3. *When we are unable to find tranquility within ourselves, it is useless to seek it elsewhere.*

- Francois de La Rochefoucauld

4. *Creativity is a drug I cannot live without.*

- Cecil B. DeMille

5. *I just need enough to tide me over until I need more.*

- Bill Hoest

6. ***The surest way to make a monkey of a man is to quote him.***

- Robert Benchley

7. ***We find no real satisfaction or happiness in life without obstacles to conquer and goals to achieve.***

-Maxwell Maltz

8. ***Be not afraid of growing slowly, be afraid only of standing still.***

- Chinese Proverb

9. ***Honesty is a good thing, but it is not profitable to its possessor unless it is kept under control.***

- Don Marquis

10. ***Half our life is spent trying to find something to do with the time we have rushed through life trying to save.***

- Will Rogers

11. ***Small opportunities are often the beginning of great enterprises.***

- Demosthenes

12. ***Determine never to be idle...It is wonderful how much may be done if we are always doing.***

- Thomas Jefferson

13. ***All human beings should try to learn before they die what they are running from, and to, and why.***

- James Thurber

14. *Grief can take care of itself, but to get the full value of a joy you must have somebody to divide it with.*

- Mark Twain

15. *The male is a domestic animal which, if treated with firmness, can be trained to do most things.*

- Jilly Cooper

16. *Actions have consequences...first rule of life. And the second rule is this - you are the only one responsible for your own actions.*

- Holly Lisle

17. *Crime does not pay... as well as politics.*

- Alfred E. Newman

18. ***Modesty is the citadel of beauty.***

- Demades

19. ***Dwelling on the negative simply contributes to its power.***

- Shirley MacLaine

20. ***Horse sense is the thing a horse has which keeps it from betting on people.***

- W. C. Fields

SECTION 3 ANSWERS

English-Theban Translation

1. [illegible]

- [illegible]

2. [illegible]

- [illegible]

3. [illegible]

- [illegible]

4. [illegible]

- [illegible]

5. [illegible]

- [illegible]

6. [illegible]

- [illegible]

7. [illegible]

- [illegible]

8. Be not afraid of growing slowly, be afraid only of standing still.

- Chinese Proverb

9. Honesty is a good thing, but it is not profitable to its possessor unless it is kept under control.

- Don Marquis

10. Half our life is spent trying to find something to do with the time we have rushed through life trying to save.

- Will Rogers

11. Small opportunities are often the beginning of great enterprises.

- Demosthenes

12. Determine never to be idle... it is wonderful how much may be done if we are always doing.

- Thomas Jefferson

13. All human beings should try to learn before they die what they are running from, and to, and why.

- James Thurber

14. Grief can take care of itself, but to get the full value of a joy you must have somebody to divide it with.

- Mark Twain

15. The male is a domestic animal which, if treated with firmness, can be trained to do most things.

- Jilly Cooper

16. Actions have consequences... first rule of life. And the second rule is this - you are the only one responsible for your own actions.

- Holly Lisle

17. Crime does not pay... as well as politics.

- Alfred E. Neuman

18. Modesty is the citadel of beauty.

- Demades

19. Dwelling on the negative simply contributes to its power.

- Shirley MacLaine

20. Horse sense is the thing a horse has which keeps it from betting on people.

- W. C. Fields

SECTION FOUR

THEBAN WORD CROSS-MATCH

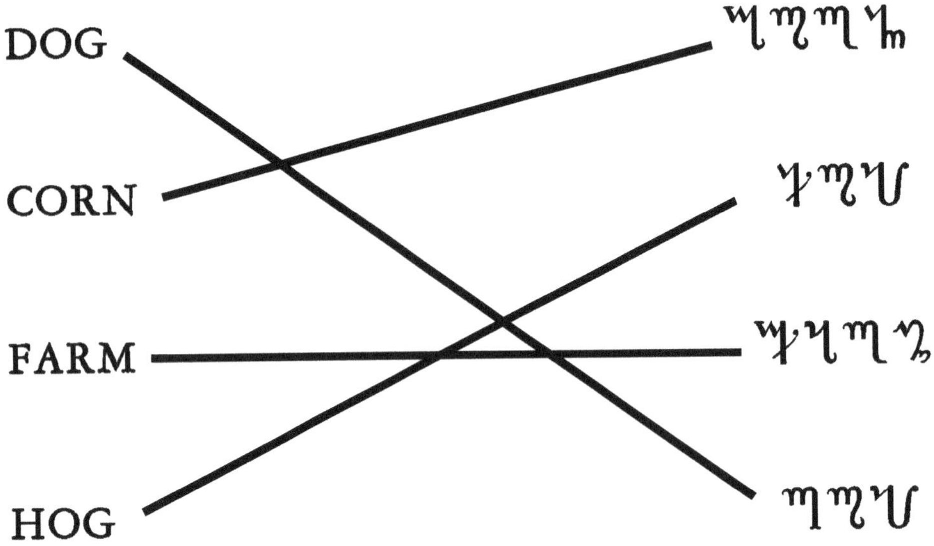

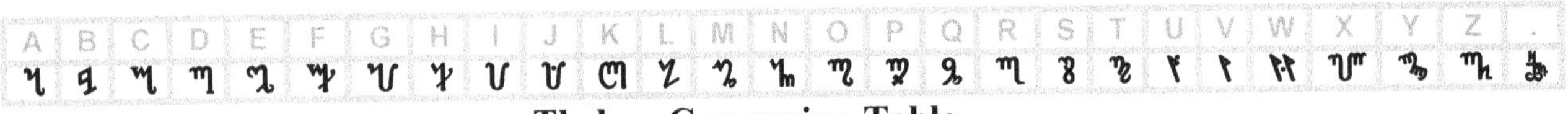

Theban Conversion Table

Seeing the Forest through the Trees

1. Pine
2. Oak
3. Cedar
4. Birch
5. Maple
6. Buckeye
7. Hickory
8. Dogwood
9. Walnut
10. Fir

MAPLE (a)
DOGWOOD (b)
WALNUT (c)
PINE (d)
OAK (e)
BUCKEYE (f)
FIR (g)
CEDAR (h)
BIRCH (i)
HICKORY (j)

How to Get There From Here

1. Horse
2. Car
3. Train
4. Plane
5. Camel
6. Bicycle
7. Walk
8. Swim
9. Run
10. Boat

PLANE (a)
BICYCLE (b)
RUN (c)
WALK (d)
CAR (e)
BOAT (f)
SWIM (g)
CAMEL (h)
HORSE (i)
TRAIN (j)

Life on the Farm Life

1. Dog	CROPS (a)
2. Chickens	FARMER (b)
3. Cows	DAIRY (c)
4. Farmer	COWS (d)
5. Barn	BARN (e)
6. Corn	TRACTOR (f)
7. Wheat	WHEAT (g)
8. Tractor	CHICKENS (h)
9. Crops	DOG (i)
10. Dairy	CORN (j)

Fruit Shopping

1. Banana	STRAWBERRIES (a)
2. Grapes	PINEAPPLE (b)
3. Orange	PEACH (c)
4. Peach	GRAPES (d)
5. Pineapple	APPLE (e)
6. Blueberries	PLUM (f)
7. Watermelon	ORANGE (g)
8. Apple	BANANA (h)
9. Plum	BLUEBERRIES (i)
10. Strawberries	WATERMELON (j)

How About a Drink?

1. Soda
2. Coffee
3. Orange Juice
4. Milk
5. Hot Tea
6. Prune Juice
7. Beer
8. Wine
9. Water
10. Grape Juice

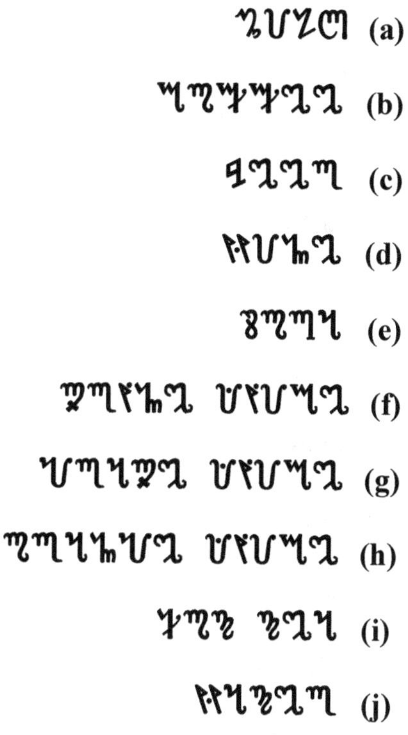

Herbal Therapy

1. Peony
2. Holly
3. Snowdrop
4. Ivy
5. Iris
6. Woodruff
7. Hazel
8. Hawthorn
9. Honeysuckle
10. Heather

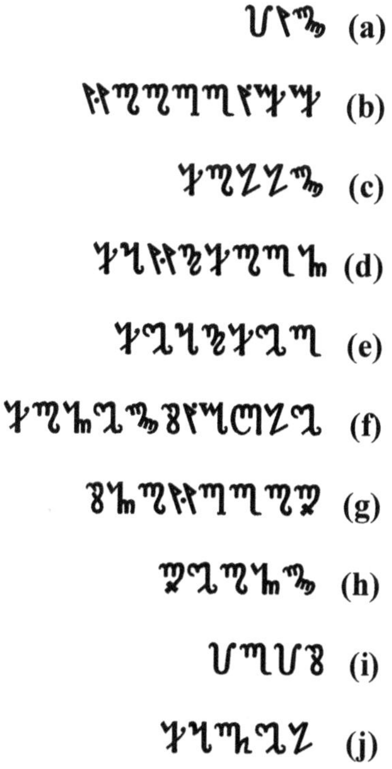

Rune Symbols

1. Victory	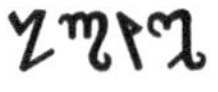	(a)
2. Love		(b)
3. Wealth		(c)
4. Comfort		(d)
5. Possession	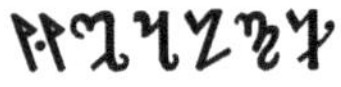	(e)
6. Travel	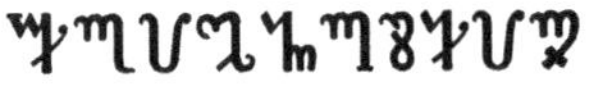	(f)
7. Fertility	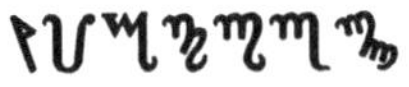	(g)
8. Healing		(h)
9. Protection		(i)
10. Friendship		(j)

Magical Stones

1. Agate	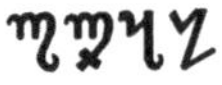	(a)
2. Sapphire		(b)
3. Opal	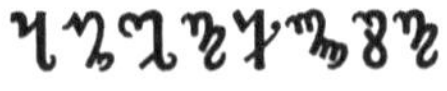	(c)
4. Jade		(d)
5. Emerald		(e)
6. Amethyst		(f)
7. Moonstone		(g)
8. Amber		(h)
9. Turquoise		(i)
10. Obsidian	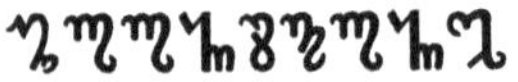	(j)

Our Planets

1. Mercury (a)
2. Venus (b)
3. Earth (c)
4. Mars (d)
5. Jupiter (e)
6. Saturn (f)
7. Neptune (g)
8. Uranus (h)
9. Pluto (i)
10. Sedna (j)

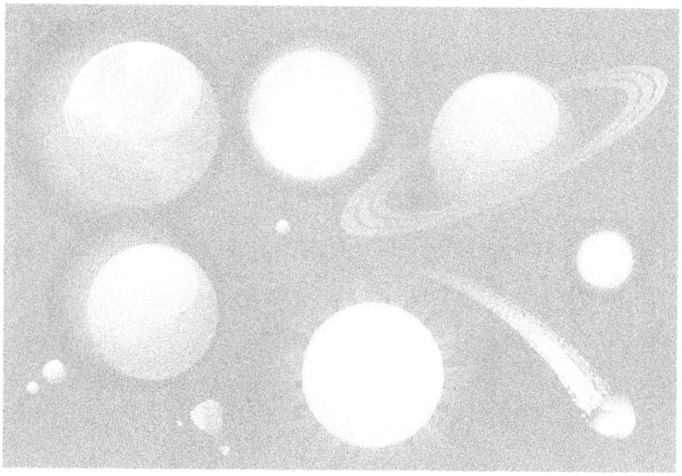

Have You Eaten Your Vegetables Today?

1. Beans (a)
2. Tomato (b)
3. Carrots (c)
4. Broccoli (d)
5. Peppers (e)
6. Cauliflower (f)
7. Asparagus (g)
8. Corn (h)
9. Beets (i)
10. Onions (j)

It's Greek to Me

1. Aphrodite — [Theban script] (a)
2. Zeus — [Theban script] (b)
3. Hermes — [Theban script] (c)
4. Demeter — [Theban script] d)
5. Apollo — [Theban script] (e)
6. Poseidon — [Theban script] (f)
7. Gaia — [Theban script] (g)
8. Eros — [Theban script] (h)
9. Artemis — [Theban script] (i)
10. Athena — [Theban script] (j)

When in Rome…

1. Mercury — [Theban script] (a)
2. Jupiter — [Theban script] (b)
3. Bacchus — [Theban script] (c)
4. Venus — [Theban script] (d)
5. Juno — [Theban script] (e)
6. Janus — [Theban script] (f)
7. Ceres — [Theban script] (g)
8. Fortuna — [Theban script] (h)
9. Diana — [Theban script] (I)
10. Luna — [Theban script] (j)

Don't Forget to Change Your Oils

1. Basil	BASIL (a)
2. Cardamom	JUNIPER (b)
3. Myrrh	PINE (c)
4. Neroli	CINNAMON (d)
5. Juniper	MYRRH (e)
6. Tangerine	GINGER (f)
7. Pine	CHAMOMILE (g)
8. Chamomile	NEROLI (h)
9. Ginger	TANGERINE (i)
10. Cinnamon	CARDAMOM (j)

What's Your Sign?

1. Pisces	TAURUS (a)
2. Aries	SAGITTARIUS (b)
3. Aquarius	CAPRICORN (c)
4. Taurus	AQUARIUS (d)
5. Capricorn	SCORPIO (e)
6. Gemini	PISCES (f)
7. Sagittarius	ARIES (g)
8. Cancer	GEMINI (h)
9. Scorpio	LIBRA (i)
10. Leo	CANCER (j)
11. Libra	VIRGO (k)
12. Virgo	LEO (l)

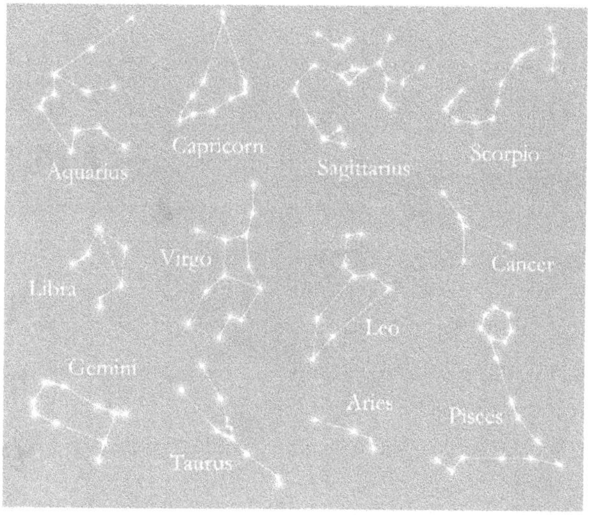

What a Magikal Day

1. Powder	(a)
2. Mirror	(b)
3. Candle	(c)
4. Gem	(d)
5. Kitchen	(e)
6. Potion	(f)
7. Protection	(g)
8. Knot	(h)
9. Poppet	(i)
10. Herbal	(j)

Flowers in my Garden

1. Lily	(a)
2. Blue Bell	(b)
3. Camellia	(c)
4. Hyacinth	(d)
5. Lilac	(e)
6. Buttercup	(f)
7. Daffodil	(g)
8. Lavender	(h)
9. Honeysuckle	(i)
10. Geranium	(j)

Weather or Not

1. Rain	(a)
2. Snow	(b)
3. Thunder	(c)
4. Typhoon	(d)
5. Clouds	(e)
6. Blizzard	(f)
7. Fog	(g)
8. Sunny	(h)
9. Tornado	(i)
10. Lightning	(j)

Do You have the Time?

1. Digital	(a)
2. Solar	(b)
3. Atomic	(c)
4. Sundial	(d)
5. Pendulum	(e)
6. Calendar	(f)
7. Clock	(g)
8. Minute	(h)
9. Seconds	(i)
10. Epoch	(j)

Knot for Me

1. Sack	[Theban script]	(a)
2. Stevedore	[Theban script]	(b)
3. Square	[Theban script]	(c)
4. Frost	[Theban script]	(d)
5. Arbor	[Theban script]	(e)
6. Blood	[Theban script]	(f)
7. Thief	[Theban script]	(g)
8. Boa	[Theban script]	(h)
9. Packers	[Theban script]	(i)
10. Grief	[Theban script]	(j)

Am I Driving You Crazy?

1. Stop	[Theban script]	(a)
2. Go	[Theban script]	(b)
3. Signal	[Theban script]	(c)
4. Turn	[Theban script]	(d)
5. Keys	[Theban script]	(e)
6. Wipers	[Theban script]	(f)
7. Gas	[Theban script]	(g)
8. Cruise	[Theban script]	(h)
9. Ignition	[Theban script]	(i)
10. Toll	[Theban script]	(j)

SECTION 4 ANSWERS - Theban Word Cross-Match

(#1) Seeing the Forest Through the Trees

(1)	D	(6)	F
(2)	E	(7)	J
(3)	H	(8)	B
(4)	I	(9)	C
(5)	A	(10)	G

(#2) How to Get There from Here

(1)	I	(6)	B
(2)	E	(7)	D
(3)	J	(8)	G
(4)	A	(9)	C
(5)	H	(10)	F

(#3) Life on the Farm

(1)	I	(6)	J
(2)	H	(7)	G
(3)	D	(8)	F
(4)	B	(9)	A
(5)	E	(10)	C

(#4) Fruit Shopping

(1)	H	(6)	I
(2)	D	(7)	J
(3)	G	(8)	E
(4)	C	(9)	F
(5)	B	(10)	A

(#5) How About a Drink?

(1)	E	(6)	F
(2)	B	(7)	C
(3)	H	(8)	D
(4)	A	(9)	J
(5)	I	(10)	G

(#6) Herbal Therapy

(1)	H	(6)	B
(2)	C	(7)	J
(3)	G	(8)	D
(4)	A	(9)	F
(5)	I	(10)	E

(#7) Rune Symbols

(1)	G	(6)	J
(2)	A	(7)	C
(3)	E	(8)	D
(4)	I	(9)	H
(5)	B	(10)	F

(#8) Magic Stones

(1)	B	(6)	C
(2)	D	(7)	J
(3)	A	(8)	E
(4)	F	(9)	G
(5)	H	(10)	I

(#9) Our Planets

(1)	C	(6)	I
(2)	J	(7)	B
(3)	F	(8)	D
(4)	A	(9)	E
(5)	H	(10)	G

(#10) Have You Eaten Your Vegetables Today?

(1)	A	(6)	I
(2)	E	(7)	G
(3)	B	(8)	D
(4)	C	(9)	H
(5)	J	(10)	F

(#11) It's Greek to Me

(1)	C	(6)	D
(2)	G	(7)	E
(3)	A	(8)	H
(4)	B	(9)	F
(5)	J	(10)	I

(#12) When in Rome....

(1)	I	(6)	A
(2)	J	(7)	B
(3)	G	(8)	D
(4)	E	(9)	H
(5)	C	(10)	F

(#13) Don't Forget to Change Your Oils

(1)	A	(6)	I
(2)	J	(7)	C
(3)	E	(8)	G
(4)	H	(9)	F
(5)	B	(10)	D

(#14) What's Your Sign

(1)	F	(7)	B
(2)	G	(8)	J
(3)	D	(9)	E
(4)	A	(10)	L
(5)	C	(11)	I
(6)	H	(12)	K

(#15) What a Magical Day

(1)	J	(6)	C
(2)	I	(7)	A
(3)	B	(8)	H
(4)	F	(9)	E
(5)	G	(10)	D

(#16) Flowers in my Garden

(1)	E	(6)	A
(2)	I	(7)	J
(3)	B	(8)	H
(4)	G	(9)	D
(5)	C	(10)	F

(#17) Weather or Not

(1)	E	(6)	I
(2)	C	(7)	B
(3)	H	(8)	D
(4)	J	(9)	G
(5)	A	(10)	F

(#18) Do You Have the Time?

(1)	H	(6)	C
(2)	B	(7)	I
(3)	A	(8)	D
(4)	J	(9)	F
(5)	E	(10)	G

(#19) Knot for Me

(1)	A	(6)	F
(2)	E	(7)	C
(3)	B	(8)	G
(4)	H	(9)	I
(5)	J	(10)	D

(#20) Am I Driving You Crazy?

(1)	E	(6)	C
(2)	G	(7)	H
(3)	B	(8)	I
(4)	A	(9)	F
(5)	J	(10)	D

SECTION FIVE

CRYPTO-THEBAN ™

4				18				7						9						12					

I ___ ___ O ___ A ___ A ___ ___ O ___ I ___ ___ O ___ ___ E

7 6 16 9 8 4 20 4 23 23 9 26 7 20 8 9 8 16 18

A I ___, A ___ ___ I ___ ___ ___ U ___ ___.

4 7 23 4 20 13 7 8 6 8 12 3 15

I shot an arrow into the air, and it stuck.

- Graffito -

Theban Conversion Table

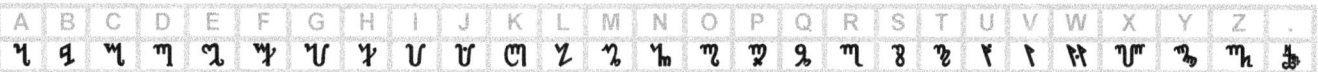

A	B	C	D	E	F	G	H	I	J	K	L	M	N	O	P	Q	R	S	T	U	V	W	X	Y	Z	.

Crypto-Theban Puzzle 1

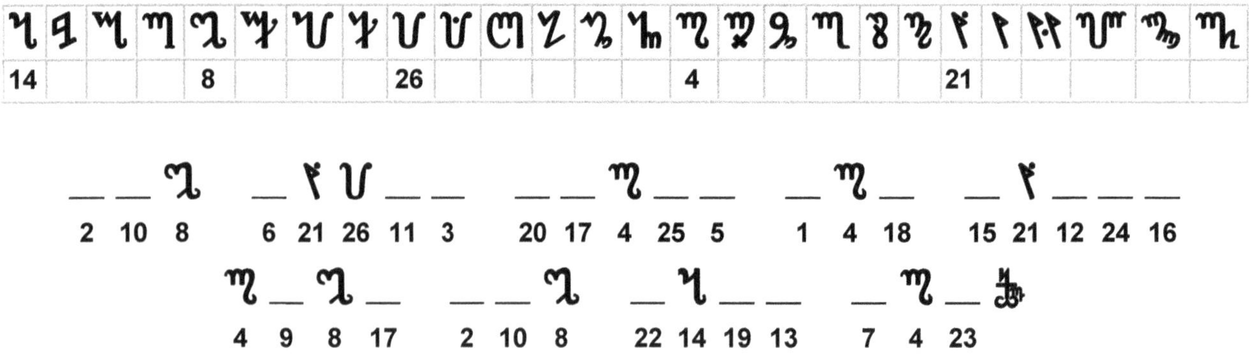

Crypto-Theban Puzzle 2

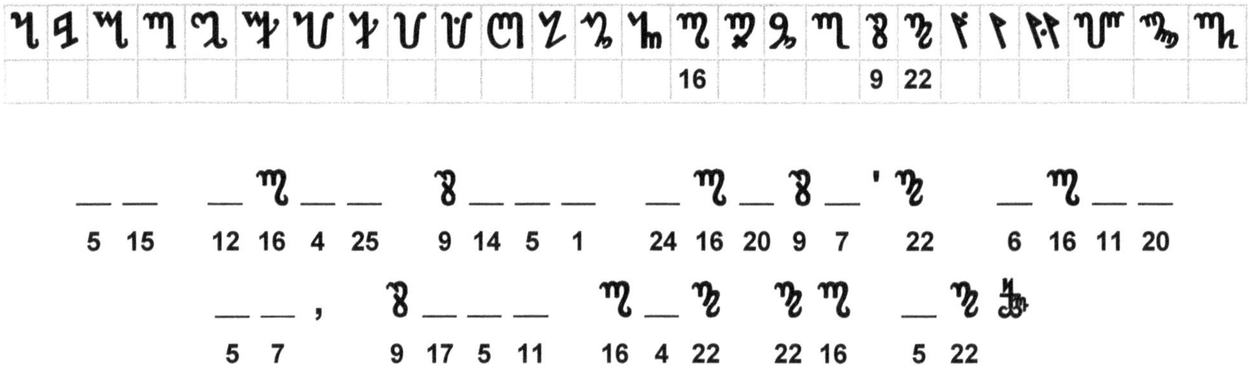

Crypto-Theban Puzzle 3

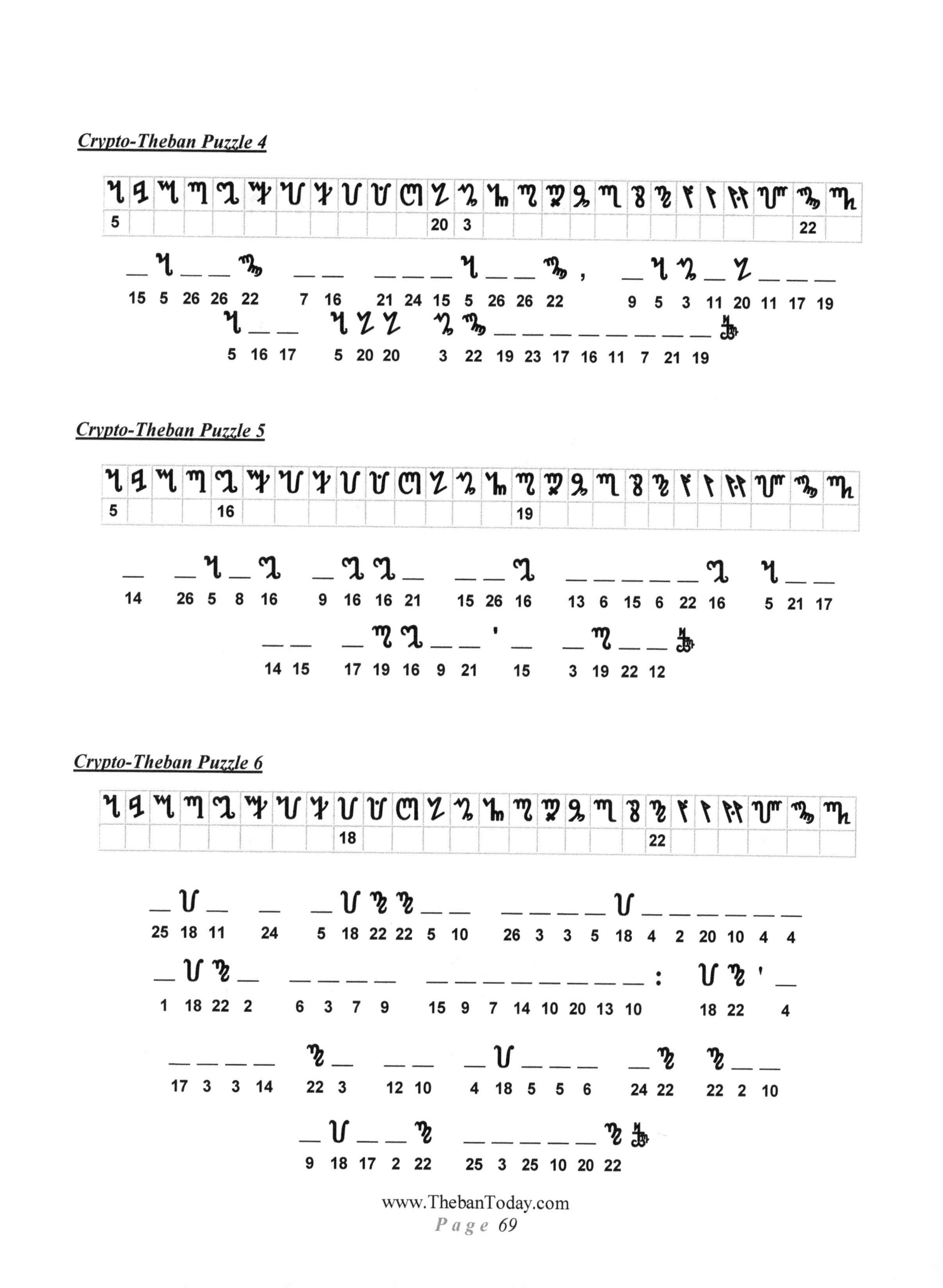

Crypto-Theban Puzzle 4

5											20	3												22	

15 5 26 26 22   7 16   21 24 15 5 26 26 22,   9 5 3 11 20 11 17 19

5 16 17   5 20 20   3 22 19 23 17 16 11 7 21 19

Crypto-Theban Puzzle 5

5				16										19											

14   26 5 8 16   9 16 16 21   15 26 16   13 6 15 6 22 16   5 21 17

14 15   17 19 16 9 21 ' 15   3 19 22 12

Crypto-Theban Puzzle 6

								18											22						

25 18 11   24   5 18 22 22 5 10   26 3 3 5 18 4 2 20 10 4 4

1 18 22 2   6 3 7 9   15 9 7 14 10 20 13 10 :   18 22 ' 4

17 3 3 14   22 3   12 10   4 18 5 5 6   24 22   22 2 10

9 18 17 2 22   25 3 25 10 20 22

Crypto-Theban Puzzle 7

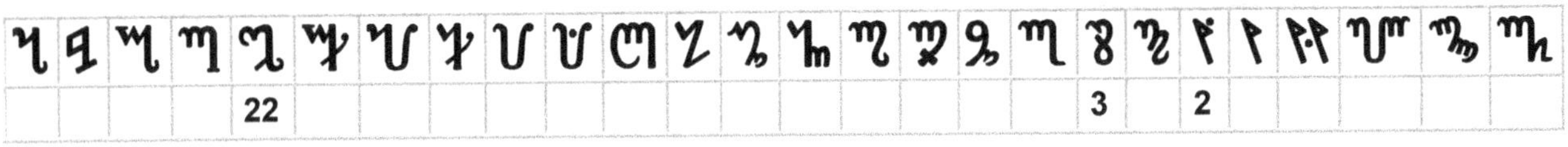

22 18 22 13 20 14 19 21 7 5 14 19 12 14 21 13 13 21 14 12 14 22 3

2 3 12 6 16 2 14 16 14 19 22 13 3 9 12 7 1 22 12 25

2 3 14 16 12 7 2 7 25 22 13 3 14 12 7 25 21 7 5 16 11

16 2 13 3 22 1 18 22 3

Crypto-Theban Puzzle 8

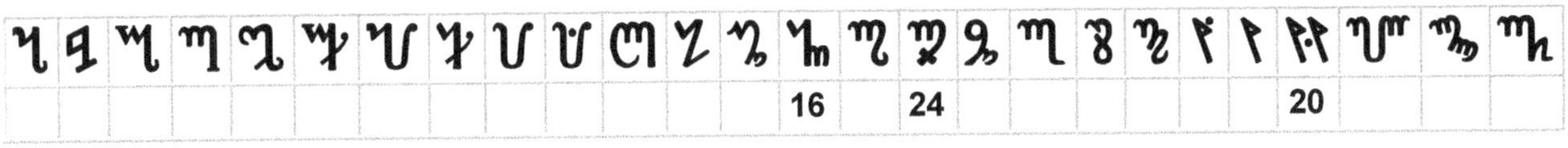

14 18 14 19 1 24 1 9 7 5 16 7 13 1 23 23 1 9 23 3 8 16

24 9 14 16 21 14 24 18 1 7 , 8 16 4 14 18 14 19 1

24 1 9 7 5 16 7 20 14 23 3 16 5 24 9 14 16 21 14 24 18 1 7

13 1 23 23 1 9 23 3 8 16 8 16 15 23 3 14 16 12 1 18 7 1

14 16 23 3 1 20 5 9 18 4

Crypto-Theban Puzzle 9

Crypto-Theban Puzzle 10

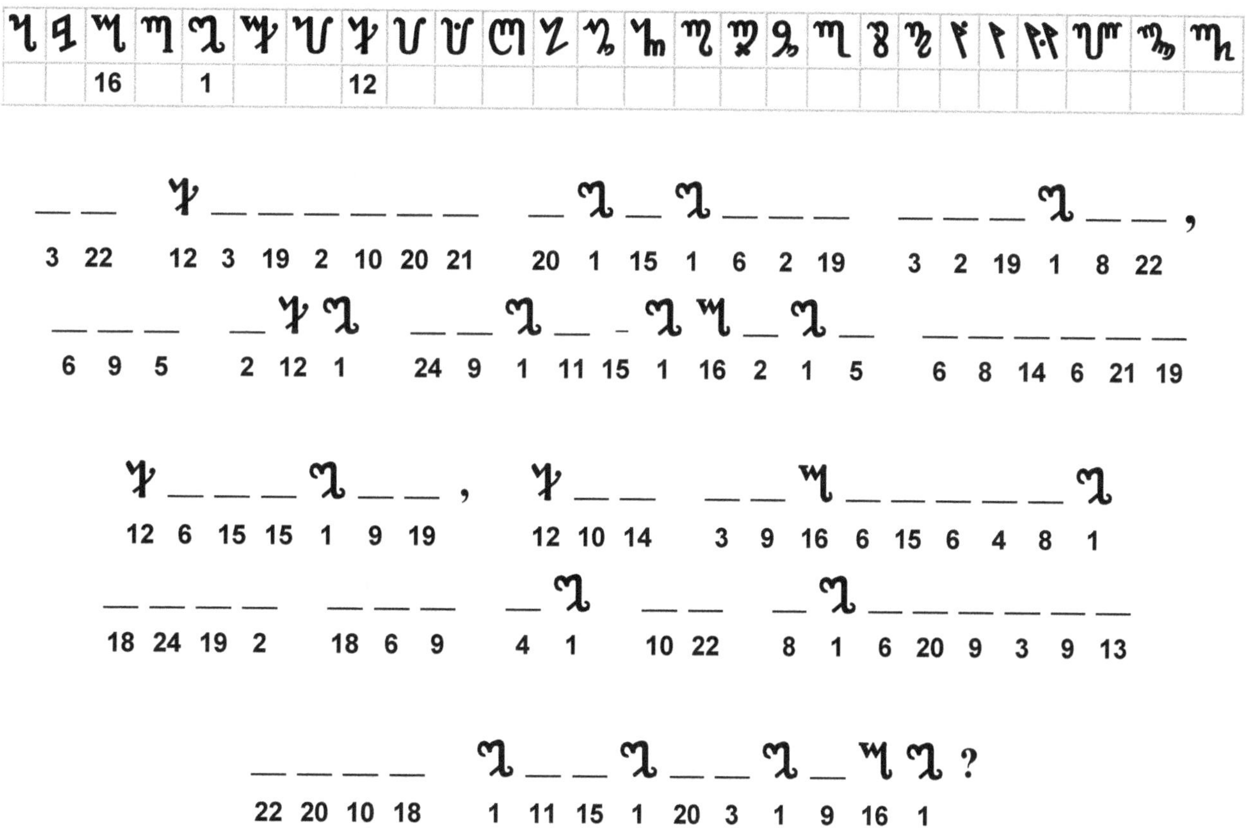

Crypto-Theban Puzzle 11

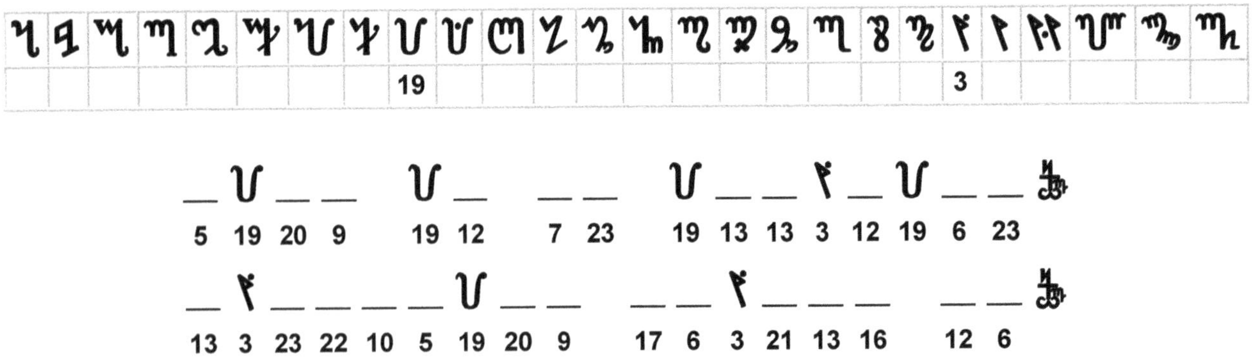

Crypto-Theban Puzzle 12

Crypto-Theban Puzzle 13

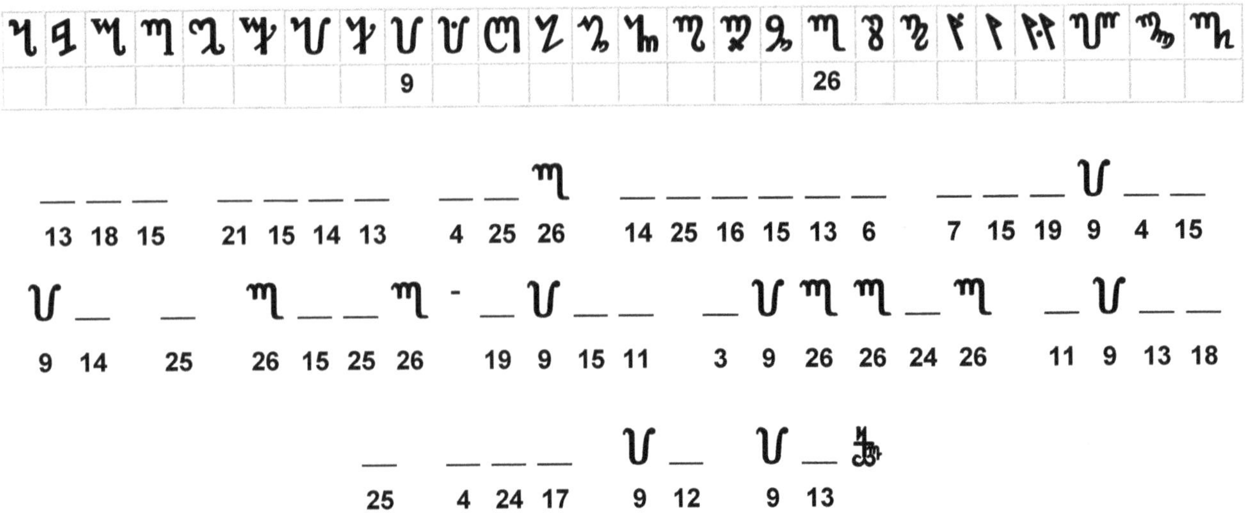

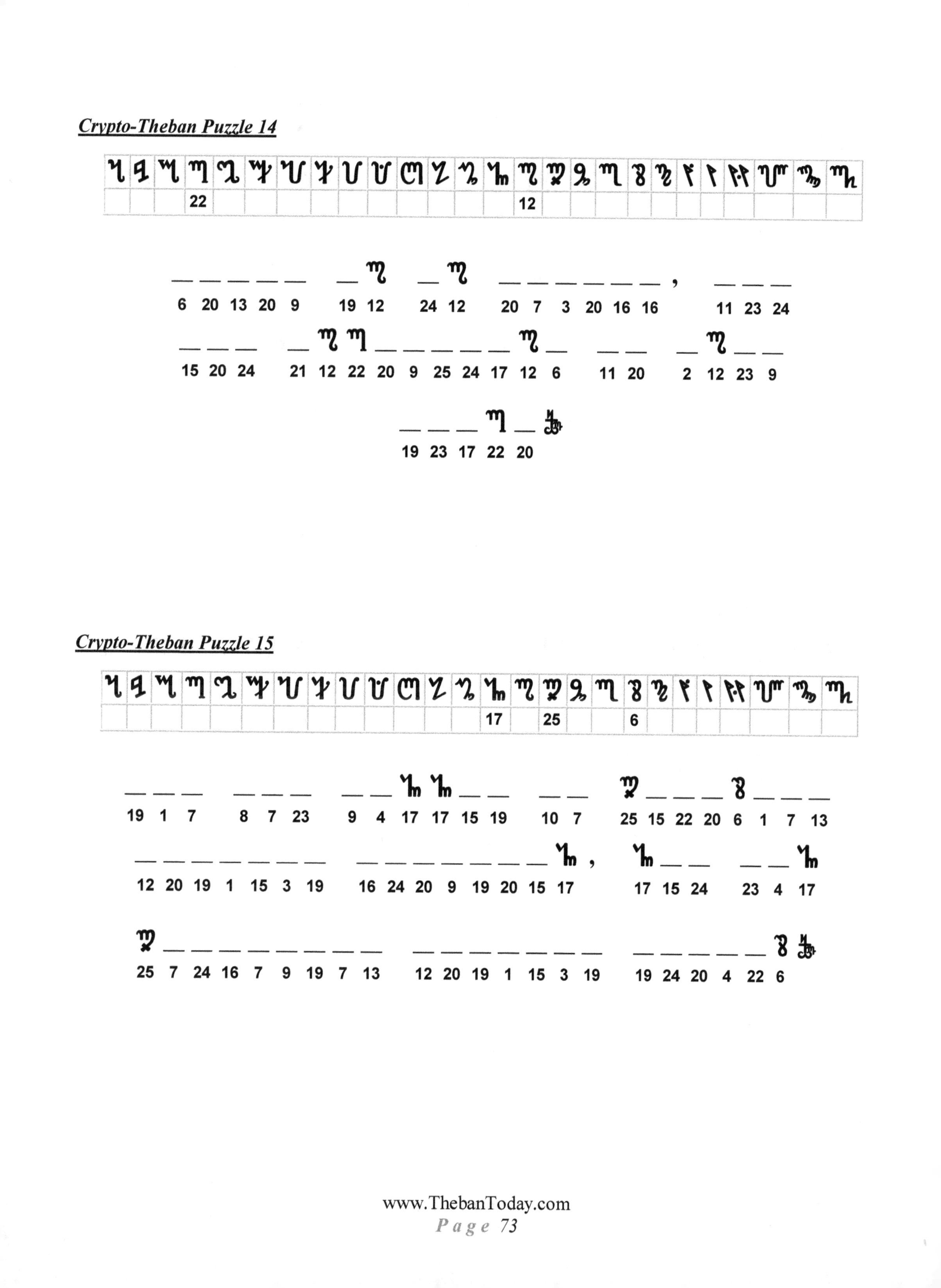

Crypto-Theban Puzzle 14

			22											12											

6 20 13 20 9   19 12   24 12   20 7 3 20 16 16,   11 23 24

15 20 24   21 12 22 20 9 25 24 17 12 6   11 20   2 12 23 9

19 23 17 22 20

Crypto-Theban Puzzle 15

													17		25			6							

19 1 7   8 7 23   9 4 17 17 15 19   10 7   25 15 22 20 6 1 7 13

12 20 19 1 15 3 19   16 24 20 9 19 20 15 17,   17 15 24   23 4 17

25 7 24 16 7 9 19 7 13   12 20 19 1 15 3 19   19 24 20 4 22 6

Crypto-Theban Puzzle 16

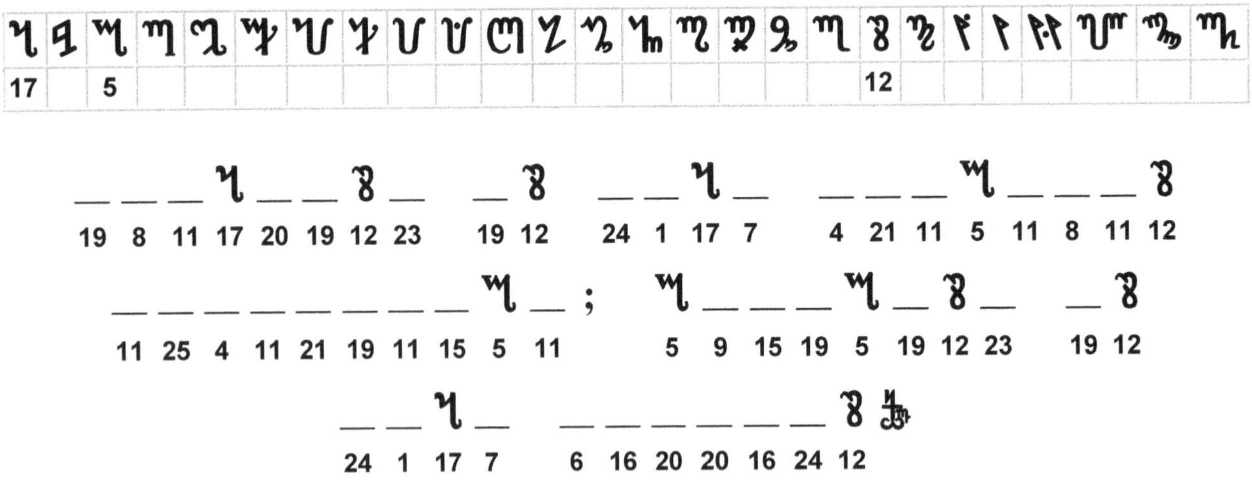

Crypto-Theban Puzzle 17

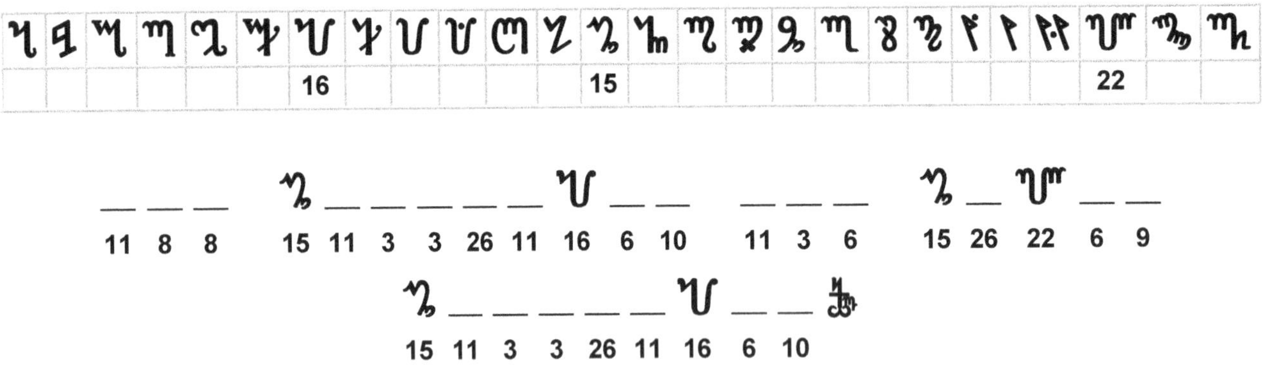

Crypto-Theban Puzzle 18

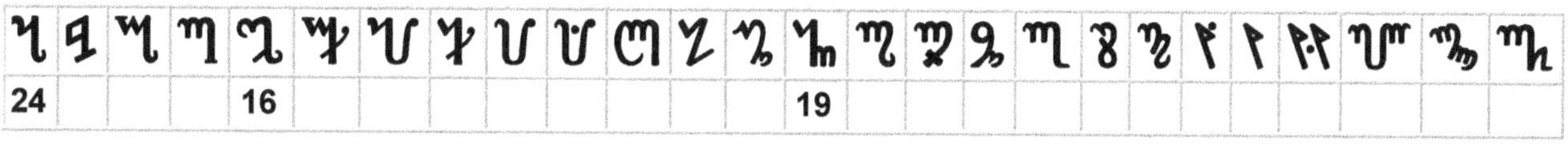
24
16
19

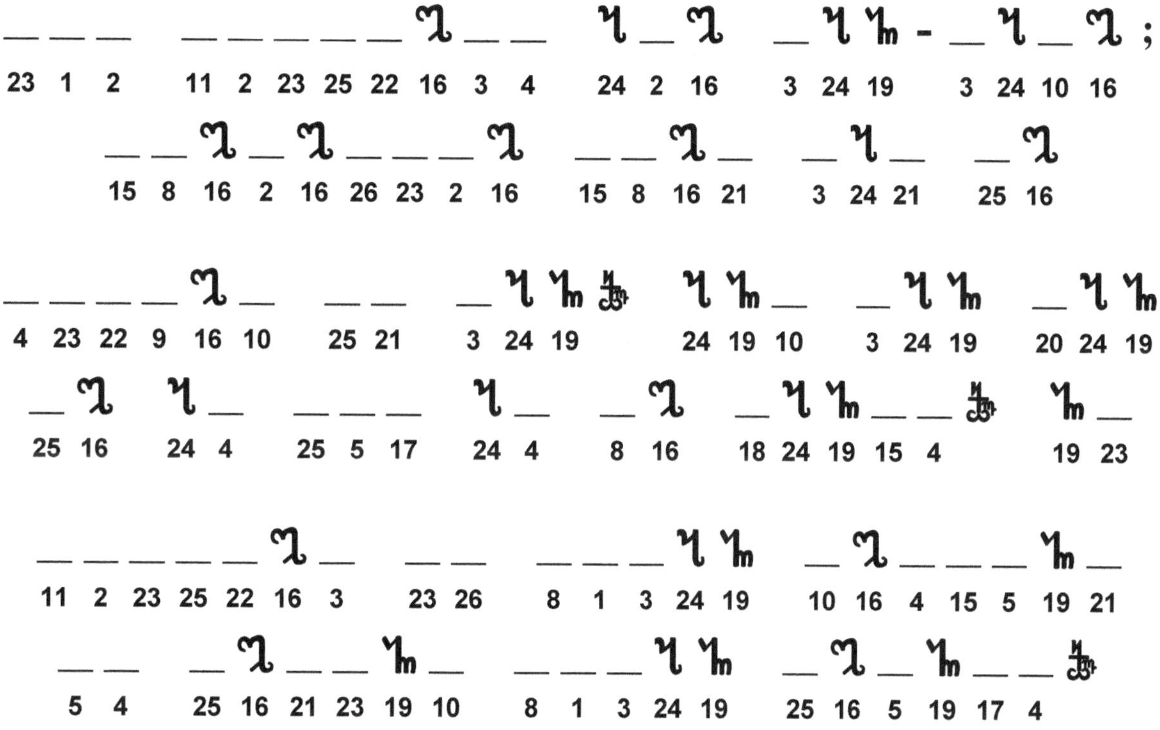
23 1 2   11 2 23 25 22 16 3 4   24 2 16   3 24 19 - 3 24 10 16 ;
15 8 16 2 16 26 23 2 16   15 8 16 21   3 24 21   25 16
4 23 22 9 16 10   25 21   3 24 19   24 19 10   3 24 19   20 24 19
25 16   24 4   25 5 17   24 4   8 16   18 24 19 15 4   19 23
11 2 23 25 22 16 3   23 26   8 1 3 24 19   10 16 4 15 5 19 21
5 4   25 16 21 23 19 10   8 1 3 24 19   25 16 5 19 17 4

Crypto-Theban Puzzle 19

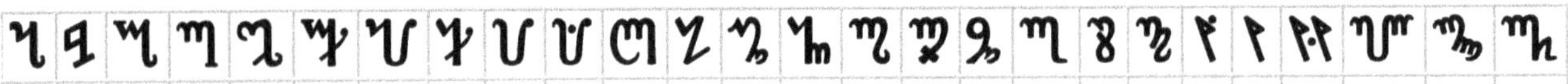

10												8			11										

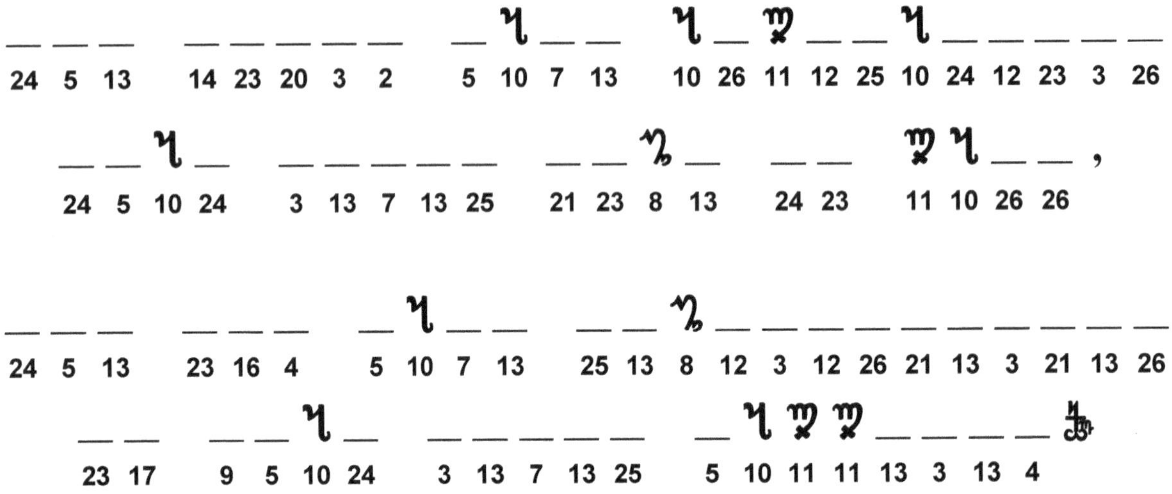

24 5 13   14 23 20 3 2   5 10 7 13   10 26 11 12 25 10 24 12 23 3 26

24 5 10 24   3 13 7 13 25   21 23 8 13   24 23   11 10 26 26 ,

24 5 13   23 16 4   5 10 7 13   25 13 8 12 3 12 26 21 13 3 21 13 26

23 17   9 5 10 24   3 13 7 13 25   5 10 11 11 13 3 13 4

Crypto-Theban Puzzle 20

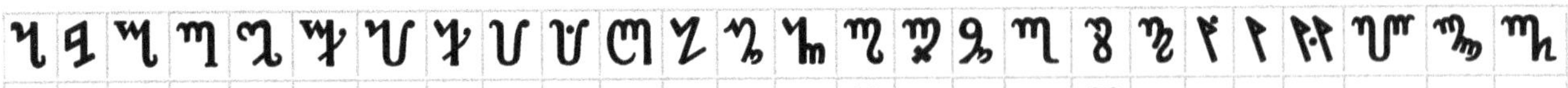

			19											18				22							

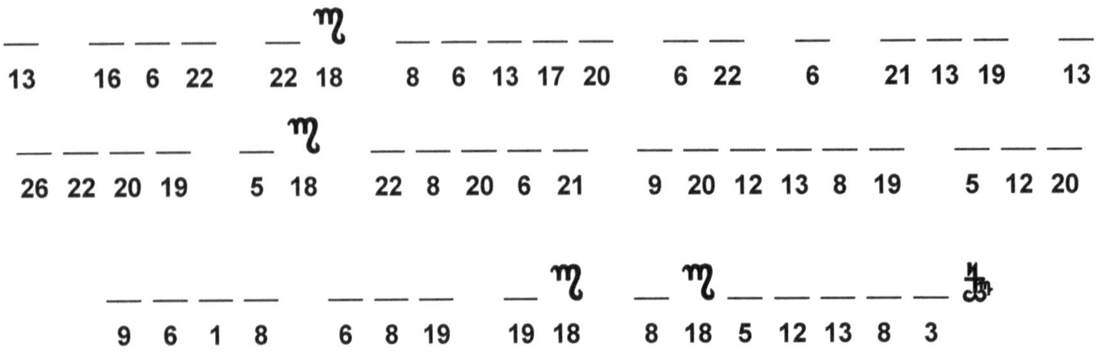

13   16 6 22   22 18   8 6 13 17 20   6 22   6   21 13 19   13

26 22 20 19   5 18   22 8 20 6 21   9 20 12 13 8 19   5 12 20

9 6 1 8   6 8 19   19 18   8 18 5 12 13 8 3

SECTION 5 ANSWERS
Crypto-Theban ™ Answers

Crypto-Theban Puzzle 1

The quick brown fox jumps over the lazy dog.

Crypto-Theban Puzzle 2

If your ship doesn't come in, swim out to it.

- Jonathan Winters –

Crypto-Theban Puzzle 3

Key: 3 12 8 9 17 19 20 2 25 24 6 13 26 22 7 11 5 15 18 1 14 21 23 4 16 10

1 2 17   13 7 22 20 17 15   25   13 25 21 17   1 2 17   26 7 15 17

12 17 3 14 1 25 19 14 13   13 25 19 17   12 17 8 7 26 17 18

The longer I live the more beautiful life becomes.

- Frank Lloyd Wright –

Crypto-Theban Puzzle 4

Key: 5 25 4 6 17 9 12 15 11 14 1 20 3 24 7 26 10 16 19 23 21 2 18 13 22 8

15 5 26 26 22   7 16   21 24 15 5 26 26 22 ,   9 5 3 11 20 11 17 19

5 16 17   5 20 20   3 22 19 23 17 16 11 7 21 19

Happy or unhappy, families are all mysterious.

- Gloria Steinem -

Crypto-Theban Puzzle 5

5	11	23	17	16	13	18	26	14	2	12	7	25	21	19	1	20	22	9	15	6	8	3	4	24	10

14   26 5 8 16   9 16 16 21   15 26 16   13 6 15 6 22 16   5 21 17

14 15   17 19 16 9 21 ' 15   3 19 22 12.

I have seen the future and it doesn't work.

- Robert Fulford –

Crypto-Theban Puzzle 6

24	12	13	14	10	26	17	2	18	8	19	5	25	20	3	15	23	9	4	22	7	21	1	11	6	16

25 18 11   24   5 18 22 22 5 10   26 3 3 5 18 4 2 20 10 4 4

1 18 22 2   6 3 7 9   15 9 7 14 10 20 13 10:   18 22 ' 4

17 3 3 14   22 3   12 10   4 18 5 5 6   24 22   22 2 10

9 18 17 2 22   25 3 25 10 20 22.

Mix a little foolishness with your prudence: It's good to be silly at the right moment.

- Horace -

Crypto-Theban Puzzle 7

Everything that irritates us about others can lead us to an understanding of ourselves.

- Carl Jung –

Crypto-Theban Puzzle 8

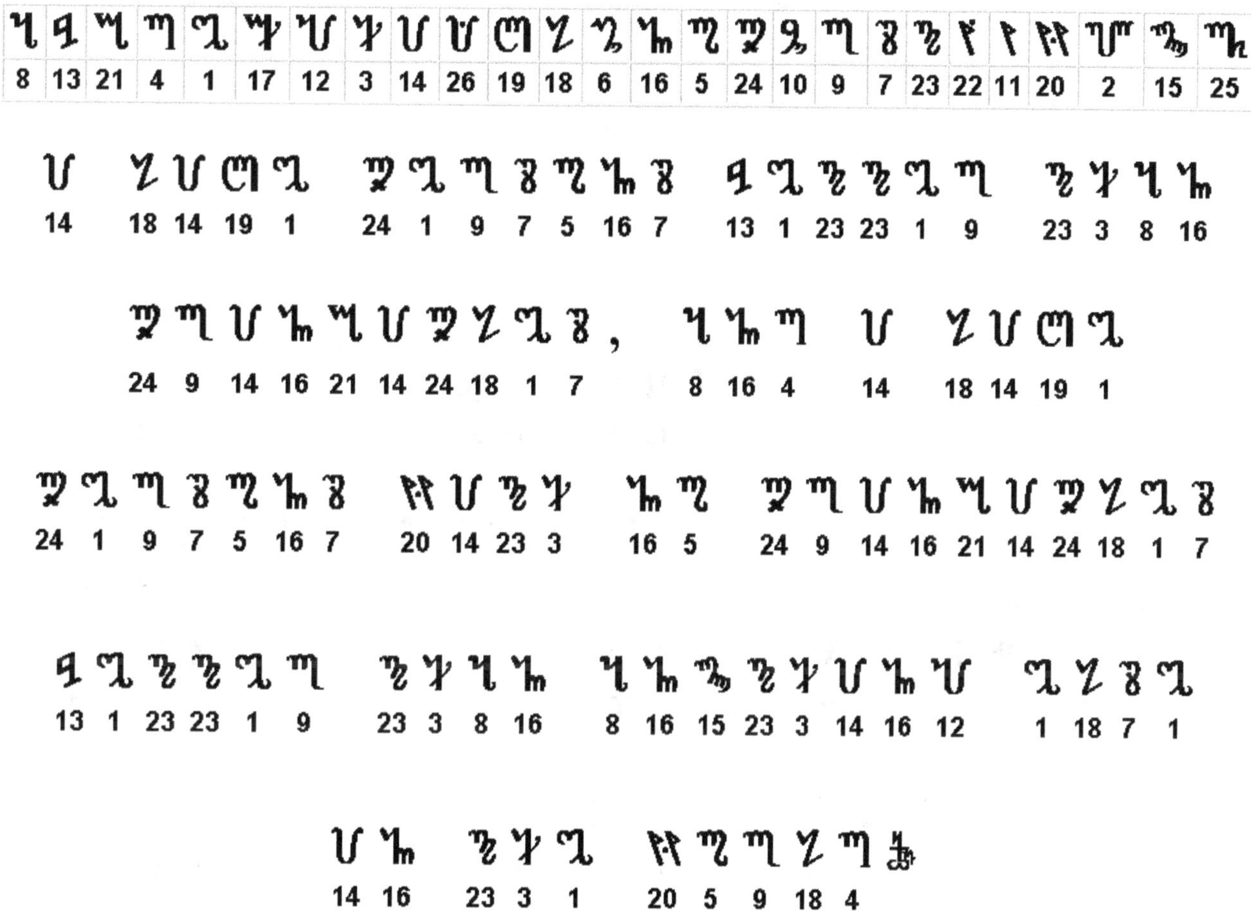

I like persons better than principles, and I like persons with no principles better than anything else in the world.

- Oscar Wilde -

Crypto-Theban Puzzle 9

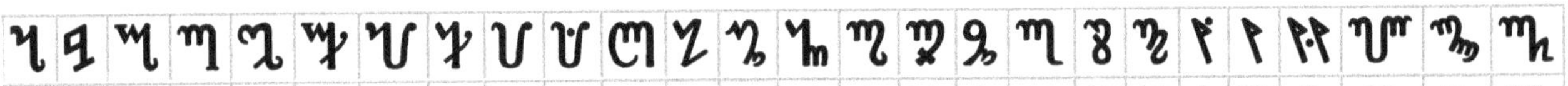

11	19	23	14	3	26	17	13	10	25	9	5	1	18	2	21	8	24	15	12	4	22	6	16	7	20

5 10 22 10 18 17   10 18   11   22 11 23 4 4 1   15 4 23 9 15

Living in a vacuum sucks.

- Adrienne E. Gusoff –

Crypto-Theban Puzzle 10

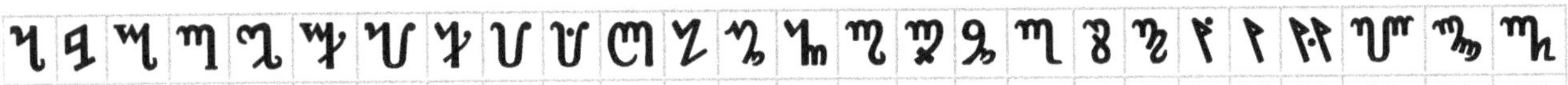

6	4	16	5	1	22	13	12	3	23	7	8	18	9	10	15	26	20	19	2	24	25	14	11	21	17

3 22   12 3 19 2 10 20 21   20 1 15 1 6 2 19   3 2 19 1 8 22

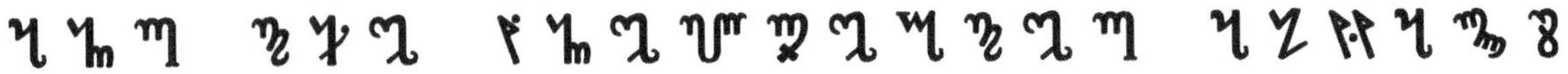

6 9 5   2 12 1   24 9 1 11 15 1 16 2 1 5   6 8 14 6 21 19

12 6 15 15 1 9 19   12 10 14   3 9 16 6 15 6 4 8 1

18 24 19 2   18 6 9   4 1   10 22   8 1 6 20 9 3 9 13

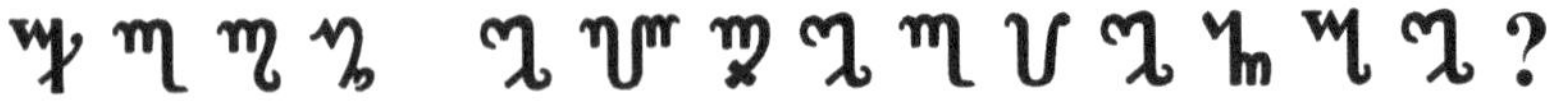

22 20 10 18   1 11 15 1 20 3 1 9 16 1

If history repeats itself, and the unexpected always happens,
how incapable must Man be of learning from experience?

- George Bernard Shaw -

Crypto-Theban Puzzle 11

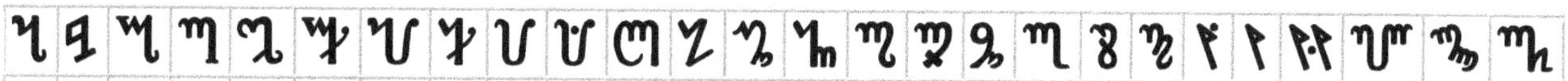

7	21	22	17	9	26	24	10	19	1	11	13	20	23	6	8	4	14	12	5	3	2	15	18	16	25

5 19 20 9   19 12   7 23   19 13 13 3 12 19 6 23

13 3 23 22 10 5 19 20 9   17 6 3 21 13 16   12 6

Time is an illusion. Lunchtime doubly so.

- Douglas Adams -

Crypto-Theban Puzzle 12

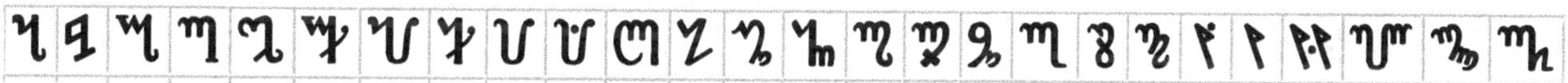

1	12	17	21	8	18	15	11	6	14	24	4	13	5	7	2	25	20	26	19	16	22	9	3	10	23

6   20 8 1 21   2 1 20 19   7 18   6 19   1 4 4   19 11 8

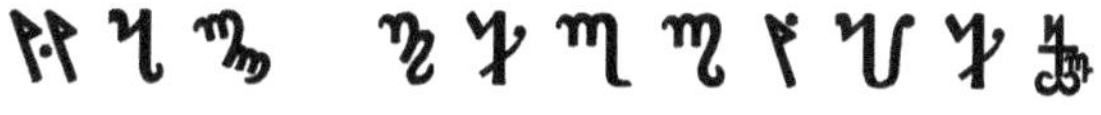

9 1 10   19 11 20 7 16 15 11

I read part of it all the way through.

- Samuel Goldwyn -

Crypto-Theban Puzzle 13

The best car safety device is a rear-view mirror with a cop in it.

- Dudley Moore -

Crypto-Theban Puzzle 14

Never go to excess, but let moderation be your guide.

- Cicero –

Crypto-Theban Puzzle 15

A	B	C	D	E	F	G	H	I	J	K	L	M	N	O	P	Q	R	S	T	U	V	W	X	Y	Z
4	10	9	13	7	16	8	1	20	21	18	22	23	17	15	25	26	24	6	19	3	2	12	14	5	11

THE GEM CANNOT BE POLISHED
19 1 7   8 7 23   9 4 17 17 15 19   10 7   25 15 22 20 6 1 7 13

WITHOUT FRICTION, NOR MAN
12 20 19 1 15 3 19   16 24 20 9 19 20 15 17,   17 15 24   23 4 17

PERFECTED WITHOUT TRIALS.
25 7 24 16 7 9 19 7 13   12 20 19 1 15 3 19   19 24 20 4 22 6

The gem cannot be polished without friction, nor man perfected without trials.

- Chinese Proverb -

Crypto-Theban Puzzle 16

A	B	C	D	E	F	G	H	I	J	K	L	M	N	O	P	Q	R	S	T	U	V	W	X	Y	Z
17	3	5	8	11	6	10	1	19	22	14	20	23	15	16	4	18	21	12	7	13	2	24	25	9	26

IDEALISM IS WHAT PRECEDES
19 8 11 17 20 19 12 23   19 12   24 1 17 7   4 21 11 5 11 8 11 12

EXPERIENCE; CYNICISM IS
11 25 4 11 21 19 11 15 5 11;   5 9 15 19 5 19 12 23   19 12

WHAT FOLLOWS.
24 1 17 7   6 16 20 20 16 24 12

Idealism is what precedes experience; cynicism is what follows.

- David T. Wolf –

Crypto-Theban Puzzle 17

11	18	4	9	6	20	16	23	26	5	2	8	15	17	1	12	25	3	10	24	21	19	14	22	13	7

11 8 8   15 11 3 3 26 11 16 6 10   11 3 6   15 26 22 6 9

15 11 3 3 26 11 16 6 10

All marriages are mixed marriages.

- Chantal Saperstein -

Crypto-Theban Puzzle 18

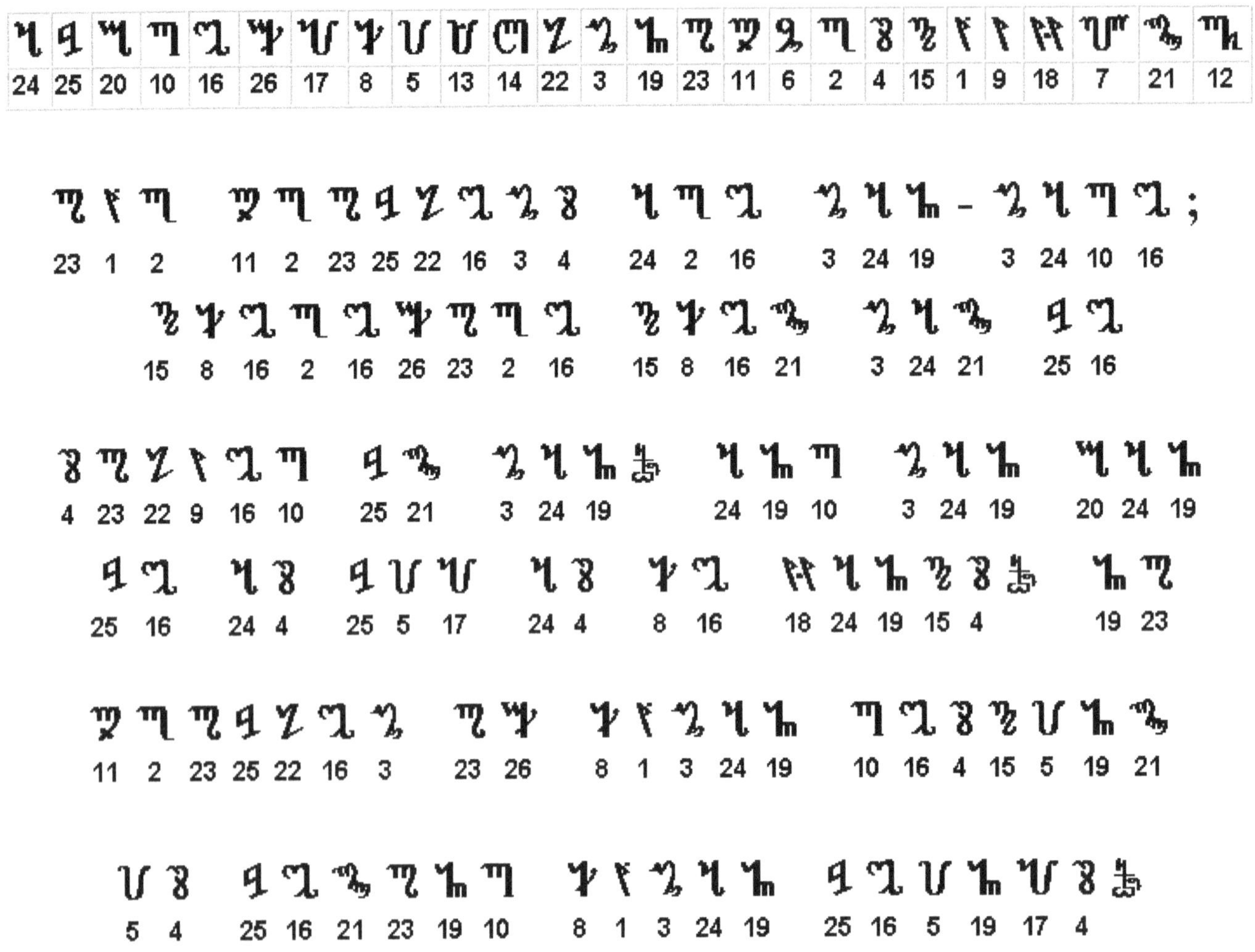

24	25	20	10	16	26	17	8	5	13	14	22	3	19	23	11	6	2	4	15	1	9	18	7	21	12

23 1 2   11 2 23 25 22 16 3 4   24 2 16   3 24 19 - 3 24 10 16;

15 8 16 2 16 26 23 2 16   15 8 16 21   3 24 21   25 16

4 23 22 9 16 10   25 21   3 24 19   24 19 10   3 24 19   20 24 19

25 16   24 4   25 5 17   24 4   8 16   18 24 19 15 4   19 23

11 2 23 25 22 16 3   23 26   8 1 3 24 19   10 16 4 15 5 19 21

5 4   25 16 21 23 19 10   8 1 3 24 19   25 16 5 19 17 4

Our problems are man-made; therefore they may be solved by man. And man can be as big as he wants. No problem of human destiny is beyond human beings.

- John F. Kennedy –

Crypto-Theban Puzzle 19

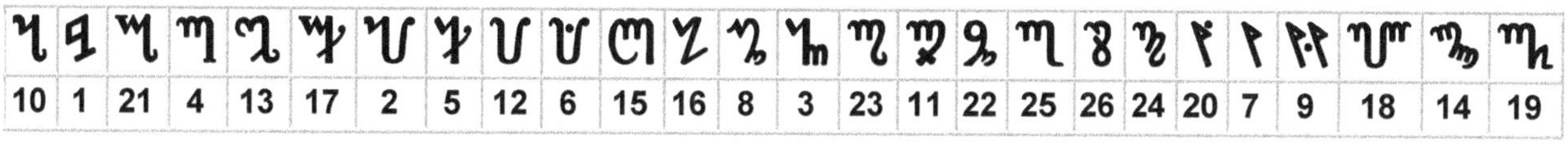

10 1 21 4 13 17 2 5 12 6 15 16 8 3 23 11 22 25 26 24 20 7 9 18 14 19

The young have aspirations that never come to pass, the old have reminiscences of what never happened.

- Saki -

Crypto-Theban Puzzle 20

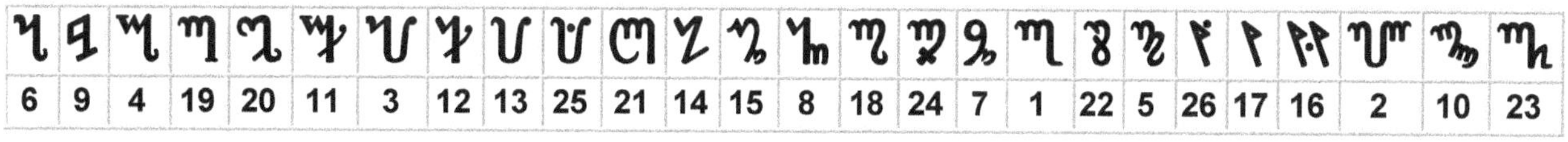

6 9 4 19 20 11 3 12 13 25 21 14 15 8 18 24 7 1 22 5 26 17 16 2 10 23

I was so naive as a kid I used to sneak behind the barn and do nothing.

- Johnny Carson -

SECTION SIX

Theban Wagon Wheel Puzzle

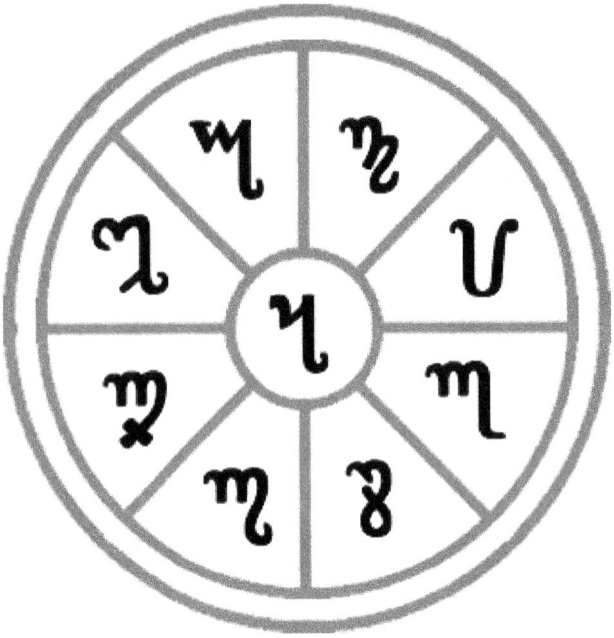

Try to make as many words from within the wagon wheel as possible. Each word must contain the center (hub) letter. You can only use each letter once and no plural words. If you find additional words not listed, that's awesome!! You've outsmarted our computer system.

Example: ***Car, Cat, Par, Sap, Cap, Care, Carp, etc.***

Theban Conversion Table

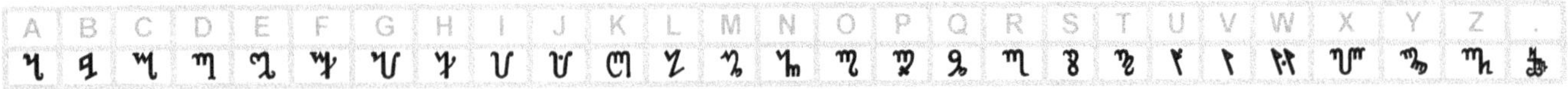

Theban Wagon Wheel Puzzle #1

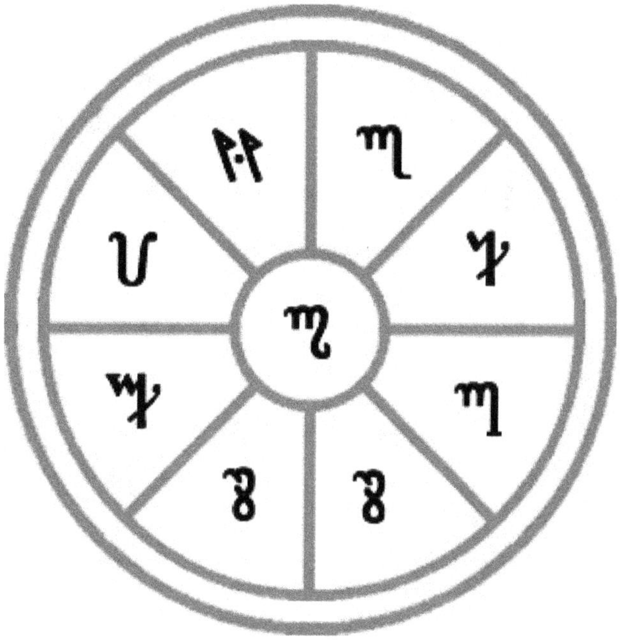

________________ ________________ ________________

________________ ________________ ________________

Theban Wagon Wheel Puzzle #2

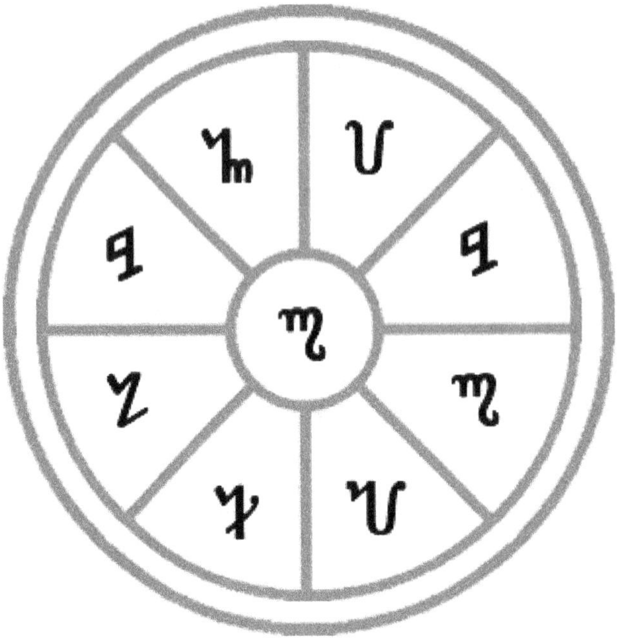

Theban Wagon Wheel Puzzle #3

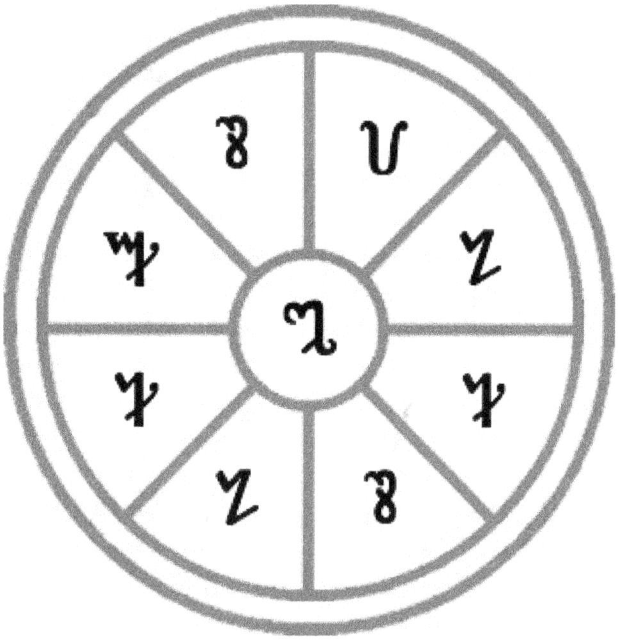

Theban Wagon Wheel Puzzle #4

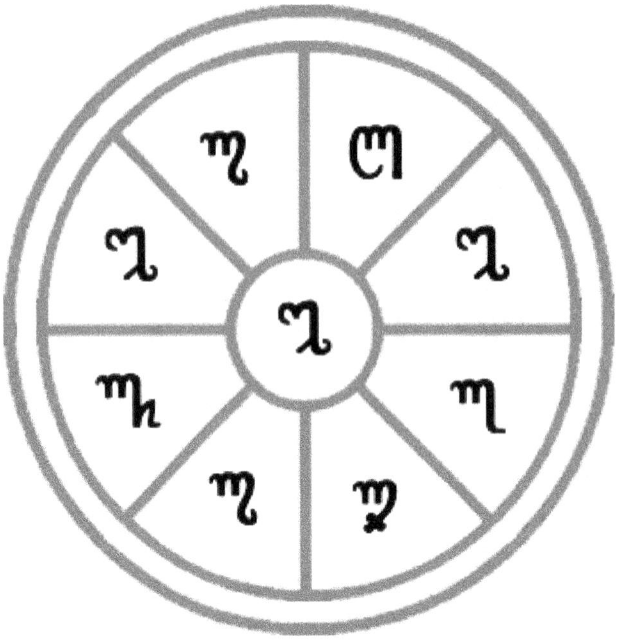

________________ ________________ ________________

________________ ________________ ________________

________________ ________________ ________________

________________ ________________ ________________

________________ ________________

Theban Wagon Wheel Puzzle #5

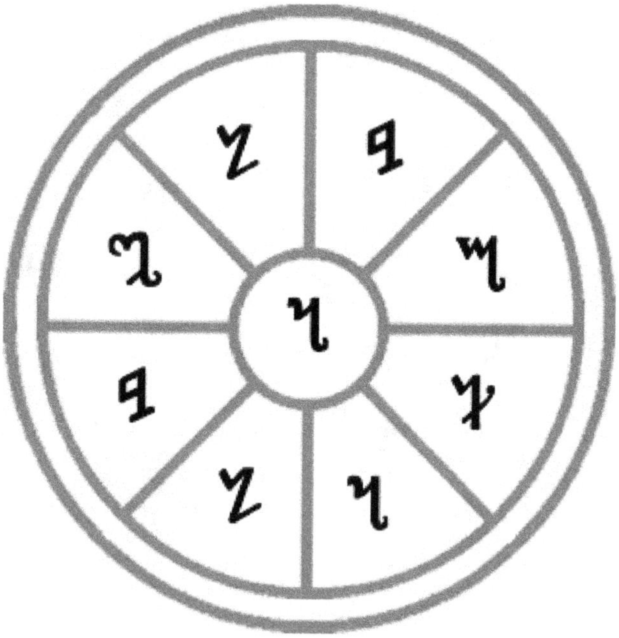

Theban Wagon Wheel Puzzle #6

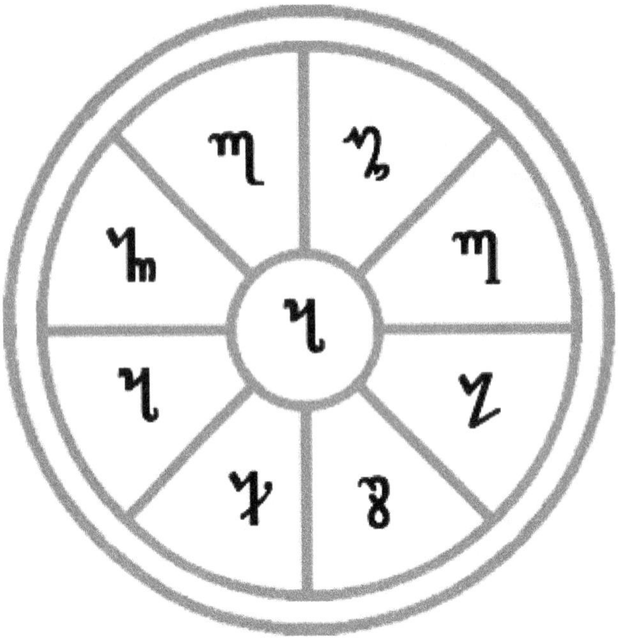

Theban Wagon Wheel Puzzle #7

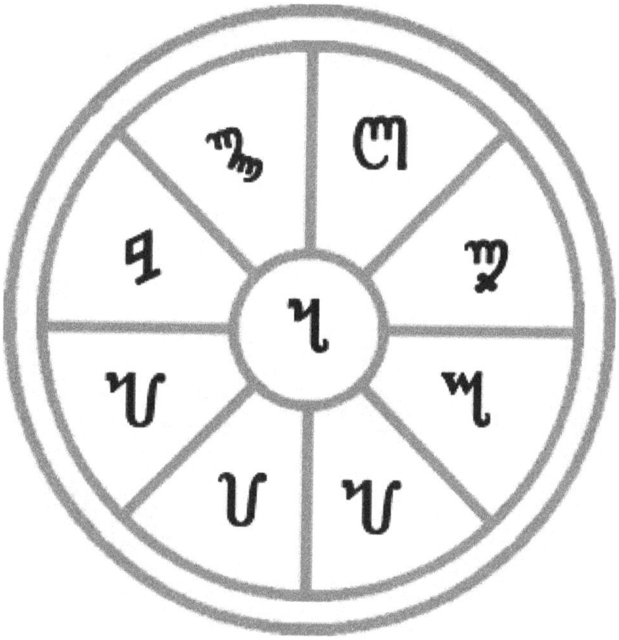

Theban Wagon Wheel Puzzle #8

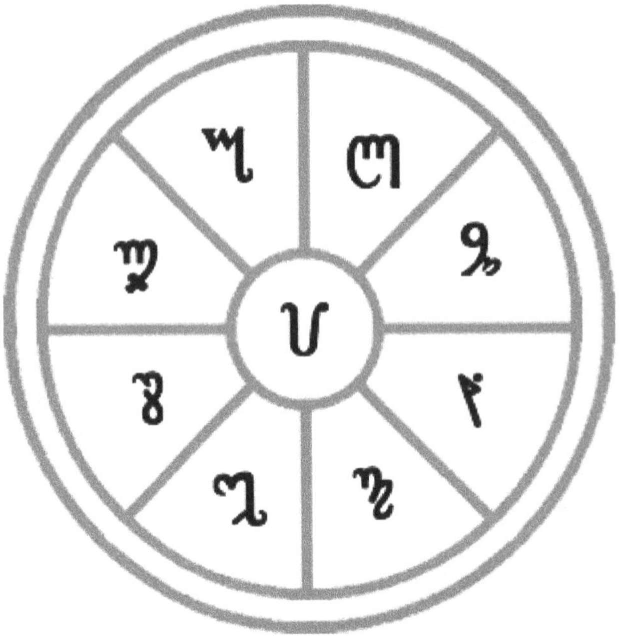

Theban Wagon Wheel Puzzle #9

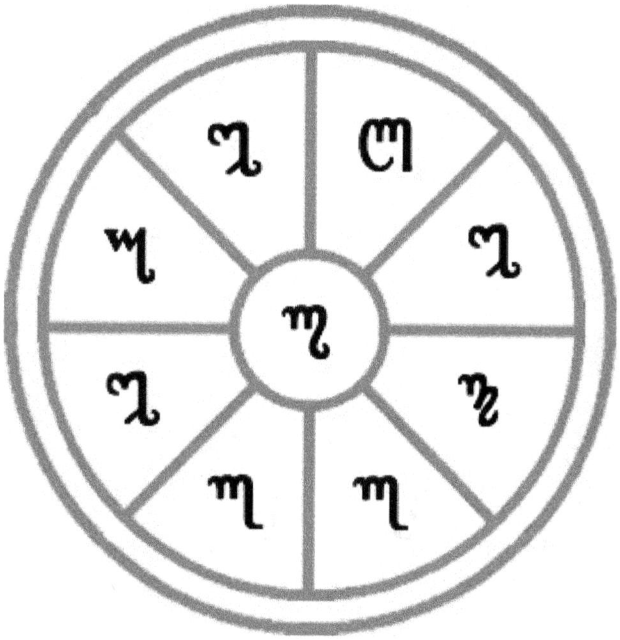

Theban Wagon Wheel Puzzle #10

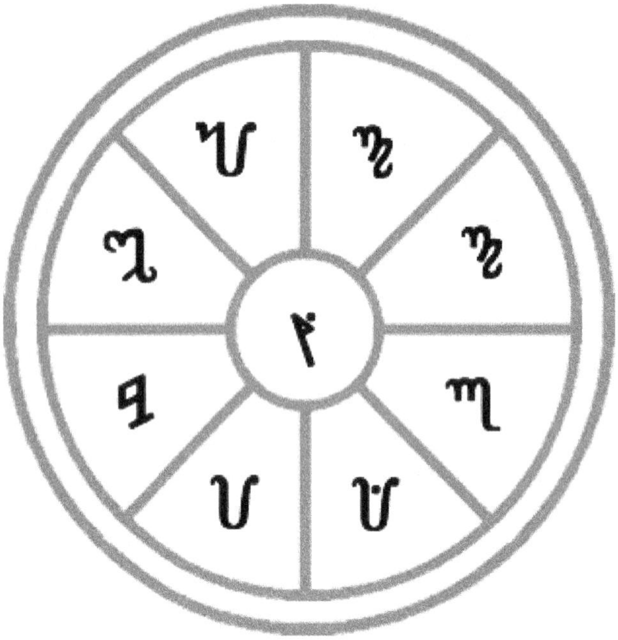

SECTION 6 ANSWERS
Theban Wagon Wheel Puzzle Answers

(#1)

Dhows
Ford
Fords
Sword
Swordfish
Word

(#2)

Blob
Blog
Bob
Bog
Bong
Goblin
Ho
Hobgoblin
Hog
Lob
Lobbing
Long
No
Oh
On

(#3)

Shellfish
Elf
Elfish
Hell
Shell
Fell
Sell
Ell
Selfish

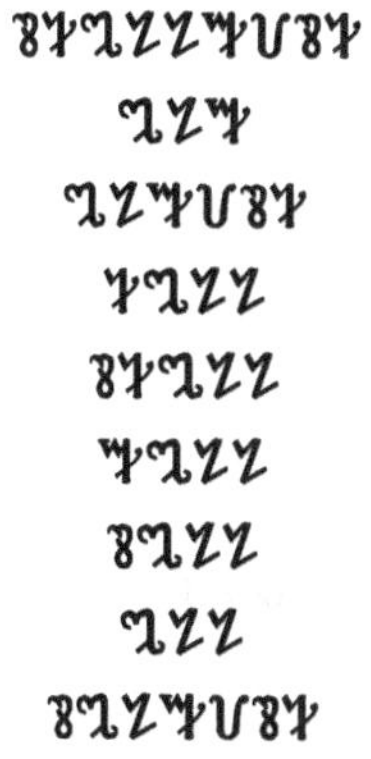

(#4)

Eek
Eke
Keep
Keeper
Peek
Peke
Pekoe
Per
Poke
Rep
Zee
Zero
Zookeeper
Ore

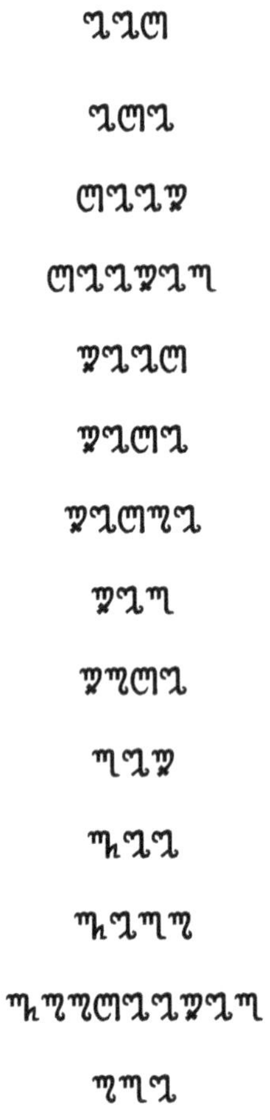

(#5)

Alb
Bah
Ball
Beach
Beachball
Blab
Blah
Bleach
Cable
Call

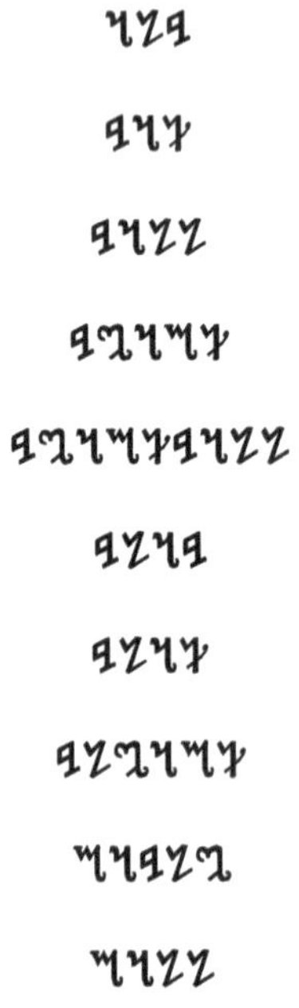

Ha

Hall

Lab

Lac

Leach

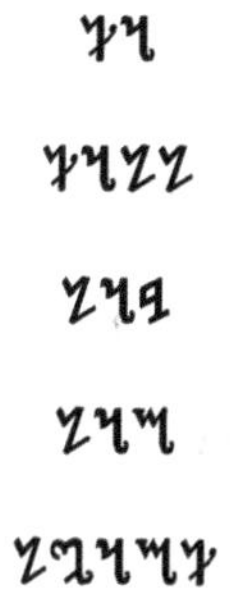

(#6)

Ah

And

Ash

Ha

Hand

Harm

Has

La

Land

Las

Lash

Marl

Marsh

Marshland

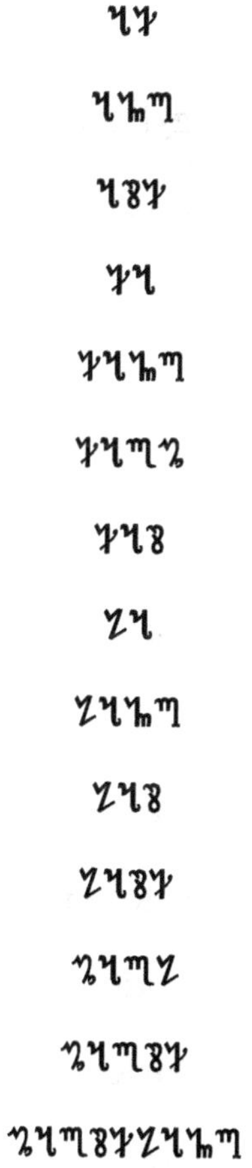

(#7)

Back
Bag
Baggy
Bay
Cab
Gag
Gap
Gay
Pack
Piggyback
Yack
Yak

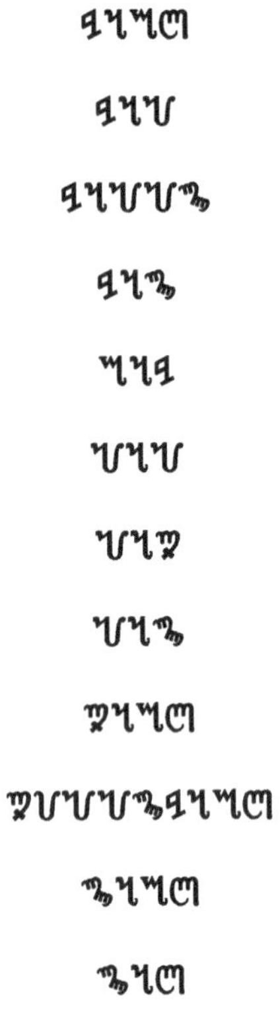

(#8)

Pick
Qi
Quick
Quickstep
Quit
Sick
Spit
Tick

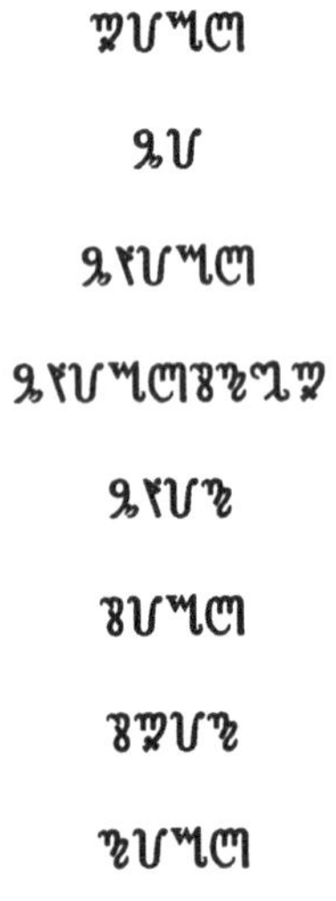

(#9)

Cork
Corker
Cot
Eco
Ort
Recto
Rector
Rock
Rocker
Rocket
Rocketeer
Rote
Toke
Tor
Tore

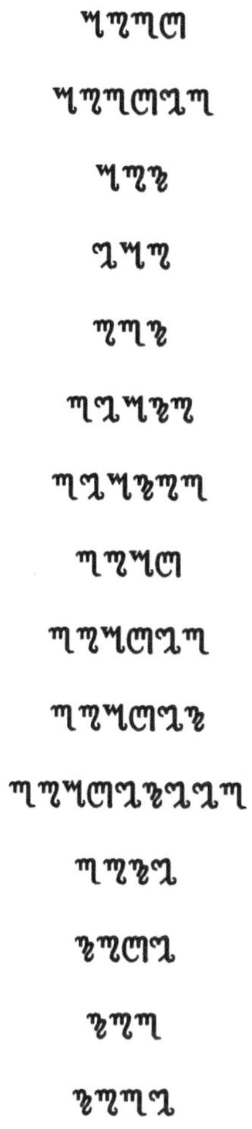

(#10)

Burg
But
Butt
Butter
Grub
Gut
Gutter
Jitterbug
Jug

Jut

Rug

Rut

Tub

Tug

Tut

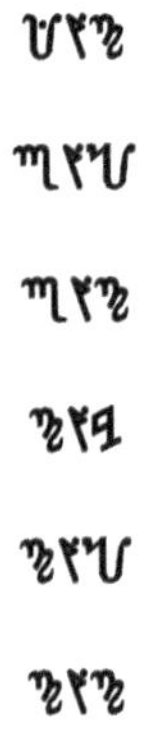

Thank you for purchasing this book. I hope that you enjoyed this journey in learning to read and writing Theban. Stay tuned as other books are created to bring you closer in becoming fluent in understanding these wonderful characters.

Blessed be!

• Gealhain Samlach
Founder
Theban Today Society

www.ingramcontent.com/pod-product-compliance
Lightning Source LLC
Chambersburg PA
CBHW080347170426
43194CB00014B/2711
9780986392825